U0074176

凱信集團

用對的方法充實自己，
讓人生變得更美好！

凱信集團

用對的方法充實自己，
讓人生變得更美好！

優雅媽媽不抓狂

小陸媽咪與兒童臨床心理師
聯手終結孩子21個失控行為

　　寫下序言的同時，我一邊檢查大女兒的作業，一邊聽她吹奏即將表演的直笛曲目，身邊另一個女兒貌似認真地算著數學，嘴裡背誦「梯形面積是上底加下底乘以高除以二……」家裡被音樂聲與朗朗讀書聲圍繞，似乎十分優雅，但事實上真的是這樣嗎？

　　不！幾分鐘以前我才對大女兒大聲怒吼：「不要再拖拖拉拉，作業趕快拿來檢查！直笛拿出來練習！要表演了不是嗎？」然後轉頭對正在偷看課外書的二女兒咆哮：「五分鐘內如果妳沒寫完數學，我就要#%$*&……」

　　事實上，從放學回家，我已經跟顆陀螺一樣轉了兩小時！原本預計讓孩子們沖個十分鐘的澡，花一小時寫功課，悠閒吃水果，幫媽咪一起備料煮晚餐……看似完美的計畫，實際執行卻難如登天！她們硬是要在沖澡時玩二十分鐘，換好衣服就偷吃點心，混了一小時還沒拿出作業！任憑我微笑、溫柔勸說，兩個傢伙仍然恍若未聞，直到我忍不住失聲大吼：「再混妳們就慘了！」虎媽附身！兩個人才終於肯在盛怒媽咪的白眼下變回貌似乖巧的小孩。所以，優雅只是假象。一整天下來，心情如三溫暖般的喜怒哀樂，才是媽咪的日常。

　　孩子，是上天賜予的寶貝，每個小生命來到世界，都是大大的奇蹟。

　　然而對於新手爸媽而言，迎接新生命的喜悅，同時代表將迎接與過往截然不同的「新生活」，與孩子相伴成長的路上，驚喜處處，卻也問題重重……

隨著孩子慢慢長大，可愛的小奶娃開始學習融入這個繽紛世界，親子間的互動變得豐富有趣，孩子透過自己的意念傳達出來的童言童語常能逗的大人哈哈大笑，孩子的行為卻也開始出現自己的堅持，此時，親子相處的教養問題就會漸漸浮上檯面……

傳統的教養方式中，「守規矩」、「有禮貌」，才是家長心目中的「好寶寶」。當孩子「沒規矩」、「不服從」時，大人的第一個反應是：

「你為什麼不聽我的話」？

殊不知，孩子小小的心靈可能也正想著：

「爸！媽！你們為什麼不聽我的話？」

時光飛逝，養育孩子之路，我已走過十二個年頭。更令人驚喜（應該說是驚嚇）的是——去年，除了大寶、二寶，我又迎來了三寶！

經歷了大大小小各種育兒挑戰，我慢慢找出在「抓狂」時刻壓抑怒火，與孩子解決問題、和平相處的方法。

你體驗過哪些令人抓狂的時刻呢？

這時，該怎麼做比較好？

就讓我們來分享這些惱人的狀況！原來大家都是這樣陪（被）孩子長（氣）大（老）的……

優雅媽咪到底能不能不抓狂？

我的答案……絕對不是肯定的！

但是我們可以多想一點辦法、多給自己一點時間、多給寶貝一點耐性、多花心思引導彼此……會心一笑，換個心情之後，你會發現，當個優雅媽咪也許並不難。而「抓狂時刻」，更可以轉化成為親子間的美好時光！

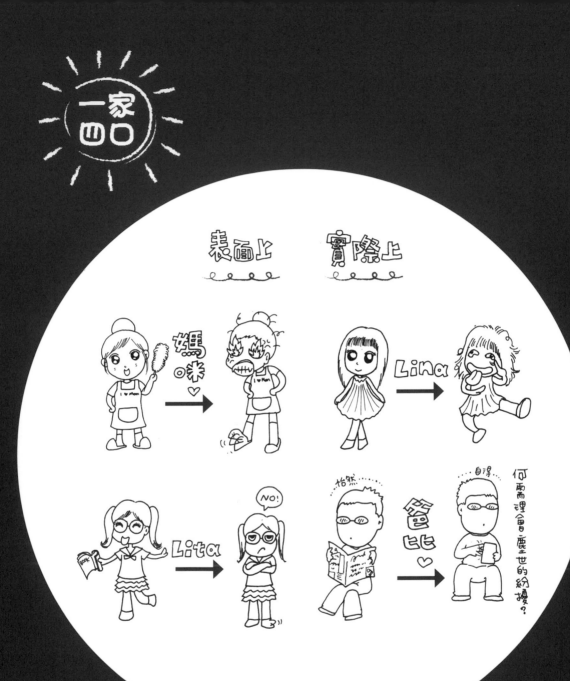

目錄

《抓狂篇》

Chapter 1

《NONONO系列》
什麼事都說不！該怎麼辦？

■聽到哪個字，家長最容易一秒抓狂？

什麼事都說 **不**！

小陸媽咪的煩惱

當孩子從嬰兒時期慢慢長大，開始邁步探索世界、掌控自己的肢體、牙牙學語說出朦朧的字彙，就代表著他們已經開始發展成獨立自主的個體。

這個階段，家長常會為孩子討人憐愛的童言童語而激動、感動不已，卻也開始不習慣小傢伙試著掌控生活的行為。而當孩子慢慢脫離嬰幼兒，邁入兒童期，更容易對於以前習以為常的動作出現拒絕的反應。

為什麼什麼事都要說NO？

為什麼這麼簡單的事也要說NO？

為什麼這麼天經地義應該完成的事也要說NO？

孩兒呀～～又不是求婚，點頭說YES有這麼難嗎！？

當孩子開始說 "NO" 的時候，家長該怎麼辦？

一、不肯吃飯

孩子不吃飯，絕對是卡住父母心的一根大刺！
好不容易為孩子做了滿滿愛的料理，最後全部進到媽咪肚裡，真是肥了身、傷了心啊……
心肝寶貝不吃飯怎麼辦？

💗 小陸媽咪甘苦談：

我們家姐姐從小對於全部的食物都很有興趣，但妹妹卻痛恨所有的健康食材，只喜歡巧克力、餅乾、糖果等等垃圾食物（暈）……

妹妹的「拒絕進食史」可以從嬰兒時代說起。

在很久很久以前，這位小姐的母奶配方奶轉換期，就拒喝各種品牌的配方奶。沒錯，嬰兒拒喝配方奶就等於是絕食！而且她真的很耐餓，不喝就是不喝，餓了整整將近一星期才慢慢改善，看到孩子肥肥的小身軀瞬間消瘦，媽咪的心臟真的要很強壯才能支撐。

長大後，妹妹每次在吃飯時就會露出「天啊！為什麼我還活著？」這種絕望的表情，在地板上演滾動哭鬧的苦情戲碼，我們使出各種威逼利誘方法，她依然故我。這種狀況持續了幾年（天啊！不堪回首……），大約在妹妹四歲時，我決定……

不吃就不吃吧！

再怎麼挑食，妳還是會肚子餓，還是會需要進食吧？老娘我跟妳拚了！

於是，剛開始前幾餐，妹妹很高興可以不吃，在吃飯時間一反常態的快樂唱歌，反而是姊姊覺得不公平，也跟著不想吃飯。但接下來，妹妹終於感受到飢餓的威力，狠狠的讓她餓幾次之後，終於肯乖乖在飯桌上吃完自己碗裡的食物。

當然，其實我也退讓一步，調整了她食物的總量，讓她碗裡的飯少一點，菜、肉份量不變，可以較為輕鬆的吃完，卻仍均衡攝取蛋白質、纖維質，飯後吃塊餅乾或小點心補充澱粉量。

現在，姊妹們都很習慣我們家的「用餐規矩」，說什麼都一定會吃完碗裡的食物，因為……這樣才可以快樂享受點心呀！

媽咪寶貝小劇場：

★不餓，就別吃吧！

少吃一餐的孩子，真的不會餓死，爸媽不需要為了強迫孩子吃飯而怒火中燒。孩子不吃，也許是因為真的還不餓？也許是家長準備的份量超乎他的負荷？也許是因為有更好玩的事物值得分心而不想吃飯？也許是想吃其他更有味道的零食？

無論是什麼原因，請記得告訴自己：

「不要在吃東西這件事上，給孩子、給自己太多壓力。」

「孩子不吃飯，是他的選擇，而不是家長的錯。讓他自己為選擇負責任。」

太多文獻證明「恐嚇」、「威逼」孩子吃飯，只會給孩子壓力，讓他排拒與家人共同用餐的時光。

那難道就放任孩子為所欲為？不吃正餐然後亂吃其他東西？當然不！

《訂立原則，溫柔約定，嚴格執行，正向鼓勵》是建立用餐好習慣的重要

方法。

　　媽咪：吃完飯，可以吃一顆果凍來當點心。

　　寶貝：我不餓，我只要吃果凍！

　　媽咪：吃完正餐才可以吃點心！

不吃正餐沒關係，但是到下一餐之間絕對不可以吃點心！

沒吃正餐就不能吃點心的立場，因為很重要所以說三次。請爸媽一定要堅守，不要因為孩子淚眼婆娑地喊餓就心軟。

（溫柔引導，夾一塊給孩子試吃。）

　　寶貝：我不要，我只想吃果凍，不想吃飯。

　　媽咪：吃完正餐才可以輪到點心，剛剛媽咪也提醒過，沒吃完碗裡的食
　　　　　物，等一下餓了也不、可、以吃點心，我們有約定過了。

　　寶貝：可是，我不想吃飯。

（若好言相勸無效，暫且先不要管孩子，家長專心吃飯。）

★過段時間孩子轉念了～

　　寶貝：媽媽，我肚子餓了！

（請給予正向鼓勵，不要諷刺孩子剛剛拒絕用餐的行為。）

　　媽咪：對不起，讓妳這麼餓，可是，約定過的事，我們一定要彼此遵守。
　　　　　放心，下一餐妳吃完飯菜，就立刻可以吃點心了。

（讓孩子得到成就感，並請謹守規矩，正餐結束後，給予約定的點心。）

　　溫柔的安慰，堅定的執行，也許會有陣痛期，但規矩建立後，家長與孩子才能擁有舒適的用餐時光。孩子不吃就算了，別為此大發脾氣！等到他真的很餓，才會知道食物的美味，享受美食是一件非常幸福的事，要夠餓才能體會！

舉手發問Q&A：

Q：挑食怎麼辦？

A：想想自己，是不是從小也每一樣都吃呢？孩子需要時間適應食物，沒有哪一項食物是不吃就很慘的，所以不需要逼迫。只要營養有均衡攝取就可以，多嘗試不同的蔬菜、水果、奶蛋豆魚肉類，從中找到孩子喜歡的味道。

Q：要怎麼引發孩子對食物的興趣？

A：不用吃多，只要吃巧，現代人營養充足，其實不需要逼迫吃下大量的澱粉類如飯、麵，重要的是均衡攝取營養素，也許可以試試更可愛的擺盤？在孩子小小的碗裡擺好適量而均衡的食物，讓用餐時間也能有色、香、味俱全的美感。

聽聽專家怎麼說

　　根據台灣兒科醫學會的網站內容，參考Dr. Benny Kerzner及Dr. Irene Chatoor的分類基準與臨床經驗，常見幼兒餵食困難問題可分為：「感官選擇性挑食」、「父母過度擔心」、「胃口有限」、「畏懼進食」、「具有潛在疾病」和「被忽視」六大類。由於每個孩童的氣質個性與過往經驗皆不同，治療時應考量餵食困難問題的成因、現實狀況以及父母與孩子的個別需求。

★幾項父母應了解的基本餵食原則如下：

💗 訂好用餐規則；父母可以決定用餐的時間地點與該吃什麼，但由孩子自己決定要吃多少。

🖤 用餐時應避免吵雜或容易分心的環境，讓孩童能專心吃飯。

🩶 善用方法促進孩子食慾；餐與餐之間應有三至四個小時的間隔，且不要提供營養成分不佳的零食。

🖤 保持中立態度；不要用過度誇張的舉動來促進餵食，也不要流露出不悅的情緒。

💗 給予合理的用餐時間；可配合家庭用餐時間。

🖤 給予適齡的食物，採用小份量且小孩有辦法咀嚼的食物。

🩶 尊重孩子對於新食物的抗拒，有系統地讓孩子嘗試新食物。

🖤 鼓勵孩子自行吃飯，給予孩子個人專屬的餐具。

🩶 容忍孩子在這個年齡階段可能因不熟練而吃得亂七八糟的情況。

呷飯皇帝大，但是孩子真的不想吃飯時，也請父母放寬心胸看待，給他時間與空間，祝福大家趕快與孩子一起找到品嚐美食的趣味！

二、不收玩具

妳有孩子不收玩具的困擾嗎？

「叫孩子收叫了老半天還是拖拖拉拉，不如我自己收比較快！」

「孩子收拾的速度太慢、收完還是亂亂的，我自己來比較整齊！」

如果有這些想法，那麼，孩子不收玩具，只能怪自己了！那到底該怎麼做呢？

小陸媽咪甘苦談

　　習慣需要慢慢養成，更需要家長耐心、溫柔的陪伴與教育。引導、信任、放手讓孩子做，可別讓自己成為孩子不肯負責的推手！

　　每當朋友來家裡玩，大人們聊得開心，一回頭，卻看到孩子們把全家的玩具通通倒出來，整個地板已被玩具堆滿……此時此刻，我總會有種血壓上升的暈眩，通常我都會用冷酷的音調詢問女兒：

　　「為什麼沒有玩完一樣，收好，再玩下一樣？」

　　然後我女兒就會迅速的開始收玩具，因為她們知道，不收的下場，很可怕……

　　會被責罵？被處罰？

　　當然不，要孩子收玩具，其實非常簡單。此時，總是像一層薄霧飄移在家中，沒什麼存在感的老爸，終於可以登場了！

玩具殺手阿家爸比有個特別的興趣，就是激怒女兒，通常小陸媽咪會捍衛女兒的權益，但是當女兒不收玩具，爸比終於可以名正言順、得意洋洋的把玩具全部丟進垃圾袋裡，拋下一句：「不收，就捐給需要的人。」然後不理會女兒驚慌失措、花容失色的大哭，揚長而去。

以上可能是阿家爸比在家裡最有地位的時候，可惜很久沒有這樣的機會了……因為，在這種恐怖的壓力下，女兒們早就不需要提醒，就迅速把玩具收拾好！

★真的把玩具丟掉嗎？

當然是真的！說出來的話一定要做到，不然就是說謊！不過……其實我也是會看玩具的狀況，比方說像波普珠珠、益智積木這類比較珍貴的玩具，在爸比出手前，媽咪會跳出來挽救一下，先假裝好人，拜託爸比再給她們一次機會！然後趕快勸導女兒「妳們快收好吧，這麼好玩的玩具一定要在爸比丟掉前收好！」

但是，看見地板亂丟的是我們一直想丟的玩具，例如打彈珠換來的水果切切樂、永遠丟不完的扮家家酒餐具餐盤……我就會戲劇性的歎息道：「唉！沒收玩具的下場，妳們知道吧！下次別再犯了！」趁機請爸比把玩具處理掉。一搭一唱久了，孩子們其實知道我們的伎倆，但仍主動配合，親子都不需要為收玩具這件事產生負面的摩擦。

我們以前拍過好幾段影片記錄三歲姊姊努力收玩具，兩歲妹妹在背後努力把玩具倒出來，這類令人啼笑皆非的畫面。到底不同年齡層，該怎麼引導收玩具的方式呢？

💙 媽媽寶貝小劇場

★什麼都不懂的可怕兩歲兒啊！

通常一到兩歲這個階段的幼兒根本還無法明白什麼是「收玩具」，更遑論要誘導了，所以這時候父母可以做的事情是要引導孩子把丟滿地的玩具，放進某一個集中的區域裡。

媽咪：寶貝，我們來玩「玩具丟丟樂」，把這些地上的玩具丟進收納箱好嗎？
寶貝：（開心）好！

媽咪：（繼續引導）那我們把積木丟到藍色的箱子、娃娃丟進粉紅色箱
　　　子，妳會嗎？積木配藍色、娃娃配粉紅色？
寶貝：（有興趣）我會！

　　用指令來引導他們，一邊收玩具一邊遊戲學習，同時也能建立寶貝們的邏
輯組織能力。

★開始有主見，連貓狗都嫌的三到四歲孩子，學習是關鍵

　　三歲以上的小孩，已有足夠的能力表達想法，自我主張也特別多，常常會
用「不要」來回應父母的要求。當他說不要的時候，應該多了解孩子是為不要
而不要，抑或有其他原因？尊重他的意願，也養成孩子思考「為什麼我不要」
的原因，知道說「不」也是要負責的喔！

媽咪：我們來收玩具吧！
寶貝：不要！
媽咪：為什麼不收呢？
寶貝：就是不要！

（這時仍要保持耐性，溫柔的詢問）

媽咪：媽咪想知道為什麼妳不收，如果知道為什麼妳不想收玩具，也許媽
　　　咪也不會勉強妳！
寶貝：……因為我的拼圖還沒拼完。
媽咪：好。那我們晚一點收拼圖，先收娃娃好嗎？
寶貝：不要！
媽咪：為什麼呢？
寶貝：因為娃娃還沒換好衣服。
媽咪：那我們先把娃娃的衣服換好，把娃娃收好，再玩拼圖，好嗎？
寶貝：……好。

　　若讓這個年紀的孩子了解「說不之後，還是需要解決問題」，他會開始
思考自己是不是要說「不」，增加對語言與行為的負責態度。而孩子如果拒絕
收玩具的理由是合理的，家長可以多給他一些時間完成他理想的狀態，心願滿
足，孩子勢必願意展露笑顏，讓玩具回歸自己的家。

舉手發問Q&A：

Q：如何要求四歲以上更大的孩子主動收玩具？

A：四歲以上的孩子，智力、心理都達到較成熟的時刻，該養成「有秩序」、「負責任」的態度，因此，不愛惜、不收玩具，就必須為行為付出代價。以我們家來說，孩子四歲開始，若是不收拾玩具，而且屢勸不聽，阿家爸比就會使出殺手鐧——丟玩具或捐出去，而且說到做到！而孩子也確實因此學會乖乖收玩具。養成孩子收玩具的習慣，不只可以讓環境整齊，更可以在收納的過程中培養孩子的「邏輯思考」、「專注力」與「負責任的態度」。

Q：用恐嚇「丟玩具」的方法，真的有用嗎？

A：就我個人的經驗，對大多的孩子來說，「丟玩具」的威嚇確實是能夠讓孩子開始會收玩具。不過倒是要特別說明，「丟玩具」這個方法，我們在四歲以後才開始使用，當孩子有足夠的能力控制自己的行為、較高的智慧可以記住失去的遺憾之後，「丟」這件事才會產生意義。如果孩子還太小，丟玩具反而可能產生反效果，在幼小心靈裡造成壓力或負面影響！所以在孩子四歲以前，我大多還是陪著一起收玩具，順便讓孩子學習觀察、分類、排列組合的技巧。

聽聽專家怎麼說：

吳怡賢臨床心理師

「收玩具」這個能力是一項高級的技能，很少有人天生就是收納高手，並樂在其中；「會收」跟「想收」又是兩種不同的層次。看到這裡，我們就要思考一下自己的家中是否也有一張椅背掛滿衣服的椅子。

對發展中的兒童來說，我們首先要思考孩子是否具備了「收玩具」的能力，例如，兩歲以上的孩子通常具備簡單「分類」的概念，家長可準備不同的收納箱，在箱子上貼上交通工具、布娃娃、積木……等圖案，將分類也變成一種遊戲，讓孩子在遊戲時間結束前的最後一個遊戲就是「玩具大團圓」，看看夥伴都回到家了沒有。

大一點的孩子仍然要考慮「不會收」的問題，在臨床上也會經常遇到家長抱怨孩子不收玩具的問題，細聊之下才發現，由於父母工作太忙，久久得空才打理家庭環境，孩子的玩具四散在房間的任何角落，和凌亂的衣物融合成一景。孩子「收玩具的能力」通常來自家長或幼稚園老師的教導，「收玩具的習慣」則和家長的生活習慣息息相關。

看到這邊或許會有家長抗議，「我超級會收納，每樣東西都照線排好，就他玩具亂丟、亂放」。來，坐下來，喝杯茶，喘口氣，放輕鬆，依據臨床經驗，所有的問題都好解決，只要有好的親子關係。

在處理孩子的問題之前，首要思考的原則是「不破壞已經建立好的親子關係」，當孩子感受到父母的愛，才有教導與談判的空間。當我們有「冷靜的父母」、「被傾聽與理解的孩子」，多數的問題都可漸入佳境。

首先我們可以用冷靜的頭腦，分析孩子不收玩具的原因，及我們想要達成的目標，例如，孩子還想玩，但我們希望他把玩具收起來。

在遊戲之前可和孩子進行約定，包括遊戲時間及超過時間的處理方式，得到孩子的允諾，再開始玩。例如「一小時」的遊戲時間，或是完成作業後的某一個時段，讓孩子可規畫時限內的遊戲內容，並在快結束時給予提醒（例如，5-10分鐘），讓孩子有機會將遊戲做個結尾。而孩子施展過人智慧，展現各種拖延戰術時，就要啟動違約條款。

在和孩子談定違約條款時，要評估是否可嚴格執行。例如，不收的玩具全部捐出去，那麼父母也要捨得。但要注意的是，孩子的玩具一旦過多，可能會不在意被沒收的部分，因為仍有許多其他的玩具可玩。曾經遇到一個有創意的家長，他成立了玩具租借公司，客戶就是自己的孩子，對於被亂丟的玩具，所有權都歸家長，孩子如果還想玩這個玩具，就要拿收好的玩具來換。

家裡的玩具不需要太多，謹慎選購產品、拒絕購買同類型的玩具，幫自己省荷包，也給孩子克制物慾的好習慣。

最後，請務必記得，無論哪個年齡層，孩子只要有乖乖收玩具，都請家長給予大大的讚美與鼓勵喔！

NOTE

三、不肯上學

「上學」對於許多家長來説，真是又期待又害怕的事！「期待」的部分，除了讓孩子發展與家庭生活不同的社交圈、認識新朋友、學習新知識、建立團體生活規矩之外，當然還包括家長終於不用整天被孩子綁住，可以有一個完整放鬆的時段；但是「害怕」的部分，威力卻不亞於「期待」！

♥ 小陸媽咪甘苦談

　　世界上最討厭上學的小孩，可能就是小陸媽咪我本人！聽我倒楣的父母說，我小時候換了將近十間幼兒園，才找到不會讓我哭哭的環境；上小班上了一個月，又開始哭，最後換過中班、跳到大班，才終於甘心乖乖上課。在大班讀了兩年，不想讀第三年，爸媽只好死命拜託學校讓九月底生的我提早入學，提前開始小學生涯⋯⋯

我是不建議父母如此溺愛（爸媽對不起），但是，遇到不肯上學的哭鬧小孩，父母到底該怎麼辦？

根據身邊朋友的綜合經驗，孩子上學可能要哭上「一個月」。

一個月！！！聽起來好漫長又好恐怖！

我不想讓孩子重蹈我童年的覆轍……（我應該不只哭一個月！）上學是人生必經之路，該如何解決朝夕相處的分離焦慮？

沒想到，孩子們上學的第一天……我才知道我多慮了。

不是都會哭哭說不要上學嗎？

為何我的兩個女兒瀟灑地走進學校，連回頭看我一眼都沒有？………（換成媽咪的玻璃心破碎）

我們家並沒有很早開始上學，等到姊姊中班、妹妹小班的年紀才讓兩個孩子一起結伴入學，也許是因為有伴的關係，她們完全沒有各種資料顯示的分離焦慮。一方面也許因為她們年紀夠大到可以成熟面對分離；另一方面也可能歸功於小陸媽咪循序漸進的努力引導！

為了建立讓她們勇敢離開家、走入學校的心態，其實小陸媽咪下了一番功夫！就讓我分享我的「學前引導」小撇步吧～

💗 媽咪寶貝小劇場

★引導孩子去上學，要先養成對學校、老師的期待與信任

當孩子已達要去上學的年紀時，愈早建立「準備要開始上學」的觀念愈好。

（平常和孩子們的對話……）

媽咪：唉，妳看，在家裡媽咪都不知要陪妳們玩什麼，我們人好少，好無聊喔！學校有很多朋友，還有老師會教妳怎麼玩遊戲……

寶貝：可是我不想上學。

媽咪：那妳想去公園嗎？

寶貝：想！

媽咪：學校有跟公園一樣好玩的遊樂器材呢！妳喜歡玩積木嗎？

寶貝：喜歡！

媽咪：學校有比家裡多很多的積木組合，還有同學陪妳一起組喔！

（讓孩子認知「在家裡有點無聊，學校則是個好玩的遊樂園」）

★建立「老師很厲害，可以解決問題」的觀念

寶貝：媽咪，這個是什麼？

媽咪：啊，糟糕，媽咪也不太知道，我猜是「……（回答正確答案）」，
　　　不過媽咪應該問一下老師，老師很厲害，什麼都知道！

寶貝：老師比媽咪厲害嗎？

媽咪：媽咪以前小時候什麼都不懂，但是媽咪去上學，有很多老師教我，
　　　才漸漸學會很多事情！老師超厲害的！

寶貝：老師什麼都會嗎？

媽咪：嗯，也不是什麼都會，不過老師有問題，也會去問他們的老師喔！
　　　能變成老師，一定代表他們懂很多很多很厲害的事！而幼兒園的
　　　老師會說故事、教妳畫畫，還會準備點心給妳吃呢……

（準備入學前半年，當孩子問問題時，我都會順便提到：「媽咪不知道回答的對不對？以後去上學可以再問老師，老師更厲害，什麼都知道。」）

★當預備好了上學的心情，在初期該如何陪伴？如何告別？

（走進校門前，給予希望）

媽咪：溜滑梯看起來好好玩喔！好多同學玩得好開心，妳也想玩嗎？

寶貝：不想……

媽咪：今天除了玩溜滑梯，還會聽故事、畫畫，很棒喔！妳想玩什麼遊戲嗎？

寶貝：我想要拼圖，和爬單槓！

媽咪：太好了，學校裡都有喔！

（進入校園時，可以陪走到教室，給予下次再見的期待）

媽咪：（抱抱寶貝）再抱一個就進教室玩吧！媽咪下午會來接妳，如果妳
　　　表現的很棒，那我們就去逛文具店，妳想要買什麼？（給予期待）
寶貝：我想要蠟筆。
媽咪：沒問題！

寶貝：可是我怕我會想妳…
媽咪：那我在主任的辦公室好嗎？如果妳真的想我，可以來找我，可是老
　　　師會很期待可以跟妳當好朋友，妳可以先陪陪老師嗎？

（媽咪適當陪伴，千萬不要表現分離的感傷，並加深孩子對新環境的信
心）

媽咪：寶貝，那妳願意跟我說Bye Bye嗎？
寶貝：不要……
媽咪：放心，妳需要我的時候，我會到妳身邊，現在先說Bye Bye，等一
　　　下有需要我再過來。

（一定要好好說再見，別丟下孩子離開。幫他建立對環境的信任，而非
「來這裡就會被遺棄」的恐懼）

　　　給予孩子希望與期待、花時間道別說再見，若孩子真的懼怕、捨不得家長
離開無法道別，建議可以先詢問學校是否讓家長留在辦公室等候，讓年幼的孩
子想媽咪時不至於有「找不到」的恐慌，陪伴上課一至三天，孩子會理解學校
是安全的、好玩的，減低陌生與畏懼，就不再需要找媽媽，能夠享受與同儕相
處的快樂。

舉手發問Q&A：

Q：如何選擇適合孩子的學校？

A：能夠提出這樣問題的父母，真是太值得拍拍手了，因為現在大部份都是父母親直接幫孩子決定學校，鮮少會問孩子喜不喜歡。其實，讓孩子認識學校，並享有決定權，接受自己的成長，是很重要的！

以我自己的經驗來說，我是在預計入學的前半年開始帶孩子去探訪幼兒園。通常都臨時起意打電話詢問能否探訪，雖然對幼兒園有些不好意思，不過我覺得，臨時起意的探訪較容易看見幼兒園內真實的狀況，而孩子也能以「參訪」為由認識學校，不但不會有壓力，反而充滿期待。

在探訪幾間之後，媽咪會去蕪存菁，剩下兩三間口袋名單，讓孩子們做決定。

家長可以跟孩子花點時間討論喜歡哪個幼兒園？並且列出各種優缺點討論，讓孩子們一起參與「人生大事」的選擇。

Q：如果是「順利上學很長一段時間，卻忽然排斥去學校」，那該怎麼辦？

A：忽然排斥上學，家長的直覺反應可能是：「老師太兇？受到同學欺負？……」但其實不單純是校內的狀況，有時候家裡的狀況也會導致孩子心態的改變，例如父母吵架、習慣的生活方式忽然發生變化……等等。另外，家長自身的分離焦慮也有可能會不自覺影響孩子，造成孩子更大的壓力。

最常出現的NG對話就是：「你去上學時我好想念你！」、「你在學校有沒有想我？」……諸如此類的話語，其實會加

深小孩意識到「分離」，就會更不想去上學了，所以這些話要避免在孩子面前說哦。

若孩子堅持不去學校時，請給他一點時間與空間，讓孩子留在家裡休息一兩天，多觀察孩子的舉動，關心身體是否有異狀，親子間好好聊天溝通，才能從根本找出孩子遇到的困難、給予他適切的幫助。

♥ 聽聽專家怎麼說？

臺中慈濟醫院身心科蕭亦伶醫師提供4個妙招，安撫容易緊張的孩子，讓他們提早跟「分離焦慮」說再見。

1.提早陪孩子熟悉學校環境：

開學前1～2週可以到學校晃晃，多陪孩子進行野餐、打球等有趣輕鬆的活動，連結學校情境與開心感覺，事先熟悉及適應環境。

2.避免孩子產生無法預期的焦慮：

讓孩子知道媽媽會出現的時間，並在說好的時間確實出現，甚至早一點現身。

3.漸進式陪伴與漸進式退出：

針對焦慮症狀較嚴重的孩子，一開始不妨整節課都讓孩子能看見家長，甚至也可以坐在教室的最後一個座位，讓他們一回頭就看見媽媽。當小孩安心後，慢慢轉到窗邊、隔一節下課再來，中午或是下午再來。

4.提供放學後的正向連結：

例如：「放學時，媽媽可以帶什麼東西來找你？」如最愛的布偶或吃的東

西，下課後去溜滑梯之類的活動，讓孩子對結束課堂後的時間能有開心期待，減少分離焦慮，也可以更快度過這段時期。

分離焦慮情況持續1個月以上建議就診評估

如果使用這些策略，6歲以上要進入小學的孩子仍有晚上睡不著，一早起來頭暈、肚子痛、拉肚子等症狀，不想上學或不想離開家的情況持續1個月以上，仍找不出焦慮原因，蕭亦伶醫師建議家長，應帶孩子就診評估，進一步釐清家庭及學校同儕之間的問題，瞭解孩子的感覺，一旦確認已出現分離焦慮疾病狀態時，醫師將依病情介入心理治療，甚至輔助藥物治療。同時也需要指導家長陪伴的技巧與瞭解孩子的情緒，分辨孩子在哪種情形最為焦慮，使用讓他最不焦慮的做法讓他更容易適應。

（本文經蕭亦伶醫師授權刊登）

當孩子毅然脫離自己的保護時，父母會忽然發現，其實還沒準備好的是自己。

望著頭也不回、不再需要陪伴、雀躍走入校園的孩子背影……總會在心裡很感嘆。

所以，別忘了，除了關注孩子，也要照顧好自己的心理唷。

奇怪，睡覺有那麼難嗎？
拜託妳睡不肯睡，該起床卻不肯醒，
媽咪到底該怎麼辦？

小陸媽咪甘苦談

關於睡覺這件事，我覺得我很幸運！因為我有一個有「睡眠障礙」的老公……這樣為什麼幸運？且聽我道來～

對比別人「睡不著」，阿家爸比的障礙卻是「醒不來」（暈）。這個障礙最嚴重的症頭，就是：「睡著後聽不見任何的聲音！」舉例說明，我們家兩個小姊妹出生後，直到戒夜奶前，我們家爸比沒有起來泡過一次奶，一、次、都、沒、有！

每次在白天跟他興師問罪，他都說：「妳又沒有叫我」或者「我沒有聽見」，每次都讓小陸媽咪怒火攻心，真心覺得應該在叫不醒他時直接給他一拳，打出一個熊貓眼，隔天他醒來才會記得有這一段。

（這明明聽起來超不幸的，哪裡幸運了？）

哈哈，唯一幸運的地方，是爸比的「睡魔基因」也遺傳給兩個女兒！

所以姊妹倆從很小就可以一覺到天亮，甚至可以一次睡十幾個小時……身為媽媽，看著女兒沉沉睡著像天使般不吵不鬧，真是太幸福啦！

「太厲害了，怎麼辦到的，教教我！」

除了嫁個一睡不醒的老公之外，其實，小陸媽咪還有一個小撇步，那就是………「別讓小孩睡午覺！」

咦？怎麼可以？

大多數人不以為然，不過我回想自己的童年，對幼兒園唯一的記憶就是「我討厭睡午覺！」據我的父母表示，我每到午睡時就會大哭（也因此我後來享有「安靜閱讀就可以不用睡覺」的豁免權），到現在我都記得「不喜歡睡覺」、「不喜歡只能躺著不動」的感覺。因為童年陰影，從大約三歲開始，我就不強制孩子們睡覺，他們玩累了再睡即可。

當然，媽咪很忙，家務雜事永遠做不完，孩子睡覺是媽咪最好的放鬆時間，但是要哄他們午睡，有時候比做家事還累……最後我發現，如果不午睡，她們還是精力旺盛地燃燒到傍晚，然後餓得快、吃得多，七八點就累了想睡覺，早早主動爬上床。

這不是很好嗎？晚上不用哄睡，媽咪能夠留給自己更多的時間。

但是，也不是每天都這麼好運，如果一不小心在下午兩三點讓孩子睡著了，那絕對不可能一小時內叫得起來，通常孩子都要睡滿三小時才甘心，然後，晚上就會進入可怕的循環，半夜還活蹦亂跳的！

到底該怎麼「睡」，對孩子與家長才是最有幫助、最健康舒服的呢？

♥ 媽咪寶貝小劇場

媽咪：妳們為什麼不午睡？

姊姊：還不想睡啊。

妹妹：早上又沒有出去玩，我現在好有力氣，哪會想睡？

姊姊：而且我們還想玩娃娃……

妹妹：我想堆積木……

★孩子為什麼不想午睡？

通常孩子不想午睡，可能是因為：

（一）睡眠充足，起床時間較晚，根本不累。

（二）活動量不夠，體能過剩！

（三）還沒玩夠！外在好玩的誘惑太多捨不得睡……

（四）睡眠環境不夠適合睡眠，如太吵、太亮、太悶熱……

當然還有許多許多不同的因素，所以家長們可以先釐清寶貝不想午睡的原因，再找出解決辦法，例如：早點讓孩子起床、有足夠的活動後再午睡、營造舒適的睡眠環境……等等。

兩歲以前的孩子，需要大量睡眠，但大約三歲以後，每個孩子對睡眠的需求開始有不一樣的發展，我發現妹妹可以很快沉睡，但姊姊開始抗拒午睡，每次午睡時間總是躺了很久，還是睜著眼睛翻來覆去。

媽咪：睡午覺囉！

姐姐：（翻來覆去）媽咪，我想聽音樂！

媽咪：沒問題！

（播放好聽的寶寶音樂）

姐姐：（翻來覆去）媽咪，我想聽故事……

媽咪：沒問題！（換張故事CD）

（妹妹已沉沉入睡）

姐姐：媽咪，我的被子好熱想換薄一點……

媽咪：沒問題！

（換條被被）

姐姐：媽咪，我想大便……

媽咪：（怒）妳到底是要不要睡覺！

好不容易入睡的姊姊，又很難叫醒，不睡上兩三個小時就會大發一頓起床氣！下午睡太飽，晚上該入睡的時間睡不著，這彷彿鬼打牆的輪迴讓媽咪好無奈！

查閱了一些資料，才發現：原來，姐姐不想睡，也許和她大腦發育漸趨成熟有關！

原來，當孩子漸漸長大，大腦發展愈來愈像成人，已不需藉多次的短暫睡眠來緩解疲勞、處理情緒，甚至可以習慣一整天的活動而不需午睡調節。

★觀察孩子「是否不需要午睡」的重點

孩子到底需不需要午睡，可以從幾點來評估：

（一）孩子不睡午覺也不感覺累、不打呵欠。

（二）孩子不睡午覺反而情緒愉快。

（三）每日夜晚的睡眠可以維持至少九小時以上不中斷。

如果以上三件事都有做到，也許孩子真的長大了，大腦神經的成熟度足夠，強制他午睡反而像是限制行動一樣可能造成負面效果。而且午睡和晚間睡眠的品質有關，午睡的時間愈長，相對夜間睡眠時間會愈短，曾有學者指出，過多的午睡會減低兒童夜間睡眠品質，甚至會影響大腦認知功能！

我認為，其實睡與不睡，並不是太嚴重的事，媽咪們不用過度緊張，只要觀察孩子們的需求，看起來累就睡，不累就別睡，其實是最簡單、最自然、最健康的方式！若是靠近傍晚才想睡，不妨帶他們外出動一動，回來洗個澡、吃晚餐，然後早早上床躺平，把夜晚的睡眠睡好、睡滿，也許比硬要哄孩子午睡來得輕鬆快樂喔！

舉手發問Q&A：

Q：孩子在幼兒園不肯午睡，該怎麼辦？

A：可以試著和老師溝通，是否可以提供安靜的活動供選擇？
（我自己幼年便是這種例子，獲准獨自在角落看書，也因此在
幼兒園便養成閱讀的習慣，憑良心講，這是很棒的收穫。）
但幼兒園為群體生活，若為一個孩子破例，有時會造成其他
的紛爭，也請媽咪綜合考慮、尋找最好的處理方式。

Q：孩子在傍晚時段想睡怎麼辦？

A：天啊，傍晚時段睡著真的很危險！想像一顆充飽電的電
池半夜十二點還跳來跳去，就覺得頭好暈啊～～～
我的處理方式是進行「轉移睡眠注意力」的活動，帶去公園
跑跑跳跳、附近騎騎腳踏車，再回家洗澡、吃飯，也許晚上
七八點就可以上床睡覺。

聽聽專家怎麼說：

吳怡賢臨床心理師

建議可從幾個方面做考量：

♥ 了解孩子是否有午睡的需求

每個孩子的睡眠需求不同，有些孩子即使不午睡，也仍然精神奕奕，午睡
反而成為學校最難的課題。

💜 讓孩子午睡的入眠魔法

如同夜間的入睡儀式，午睡前從事安靜的活動，聽一段簡短的故事或輕音樂，請孩子想像躺在柔軟的雲上面，想像快樂放鬆的畫面，避免對話或起身移動（睡覺前要先鼓勵上廁所、喝水等可能會離開床鋪的生理需求），並維持室內溫度舒適。

🖤 無睡眠需求的處理妙方

對活力旺盛的孩子來說，盡量的消耗其能量是不二法門，若是學齡前的孩童，建議避免晚起，上午可安排戶外活動時間，讓照顧者可在午休時獲得喘息時光。就學中的孩子，建議可給予午間特別任務（例如，創作、閱讀、協助師長或校園巡守），說不定讓孩子發現得以發展的專長。

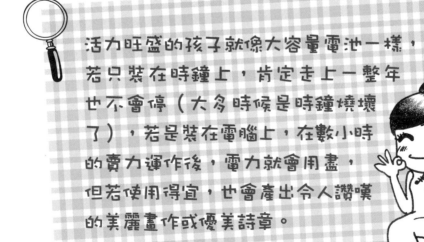

活力旺盛的孩子就像大容量電池一樣，若只裝在時鐘上，肯定走上一整年也不會停（大多時候是時鐘燒壞了），若是裝在電腦上，在數小時的賣力運作後，電力就會用盡，但若使用得宜，也會產出令人讚嘆的美麗畫作或優美詩章。

NOTE

五、不寫功課

寫功課這件事，真的好煩喔！
到現在都記得小時候寫作業時愁眉苦臉的狀態，
但……這就是人生！

小陸媽咪甘苦談

　　曾猶豫過是否要讓孩子讀課業壓力較小的學校？但既然決定選擇體制內的教育，當然要硬著頭皮跟上學校進度！畢竟國小課本的內容都是重要的基礎知識，透過重複的練習，能夠奠定國語、數學等重要科目的基本能力。不過，一進入國小，迎接孩子的就是份量頗多的回家功課。

我跟老公兩人童年時都懶惰又不愛寫功課，很擔心孩子們直接承襲我倆的「惡習」。尤其是失控的妹妹，幼兒園時代每次學校派作業，她總是在地上哀怨滾動的上演哭戲，彷彿要她寫作業就是要她的命，演技精湛到令人火大！上了國小以後，會不會變本加厲？

　　沒想到……我們猜錯了！

　　這兩三年來，兩個寶貝每天放學後第一件事，竟然都是拿出書包裡的功課開始寫！連寒暑假作業都是放假一週內就主動全數完成，從來不拖延！

　　怎麼會這樣？為什麼這麼乖？

　　想當年我都是暑假的最後一天才開始趕作業然後沒寫完還被罰青蛙跳或跑操場啊～～～（噓！千萬別讓孩子知道！）我想，從進入小學開始，我亦嚴格亦獎勵的要求，也許是讓她們習慣「先完成作業」的關鍵。

　　首先要說的是，我很幸運，因為在家工作，可以自己給孩子課後輔導，不需要送安親班。能自己陪著孩子成長，雖然累了一點，但絕對有價值，因為能夠更了解孩子每天在學校發生的事，當然也掌握她的學習進度與狀態。

♥ 媽咪寶貝小劇場

媽咪：歡迎回來，今天開心嗎？
寶貝：開心～
媽咪：放下書包後第一件事是什麼？
寶貝：洗澡～

（洗香香，精神好，回到書桌上坐好。）

媽咪：要先睡一下還是先寫功課？
寶貝：我不要睡覺！我要寫功課！！
媽咪：好，今天的點心是起司蛋糕和鮮奶，寫完第一樣功課就可以吃！
寶貝：我可以先吃嗎？
媽咪：等等，只能先喝水，快快寫完第一樣功課才可以吃喔！兩小時內寫
　　　完，就可以一起去逛超市，選明天的早餐！

寶貝：YA～

★每當孩子回到家，小陸媽咪這麼做

一、回家第一件事：洗澡！

帶著黏黏的汗水、穿著臭臭的衣服，光是想到就覺得不舒服，一回家洗個舒服的澡，容易轉換心情、提振精神、靜心做功課。

二、自主選擇：睡一下？還是寫功課？

低年級回家時間多是中午，很多人要求孩子午休，我可不認同！若孩子精神不錯，先讓他完成作業吧！寫到一半累了想睡，可以更快進入夢鄉，不勉強睡、不勉強寫，但只能二選一，不能做其他事。

三、約定：寫完一樣功課就能吃點心，全部寫完即可自由活動！

雖然很多專家學者都認為，寫功課是責任制，不該有獎勵，但是我還是認為讓孩子有期待，效率自然加分！給的獎勵，其實也是生活所需，但是須養成先把功課完成再吃點心、做自己想做的事的習慣。（自由活動中包含看電視，但限三十分，其他活動如閱讀、畫畫則完全不限制時間）

四、兩小時內寫完加碼好禮：逛超市或戶外活動……

若不限定時間，孩子有時候會邊寫邊玩，所以規範一個充裕的寫作業時間，時間快到前提醒孩子加速完成，完成後可以攜手去家門外走走、去超市採買點心與晚餐食材，也是很棒的親子活動！（但寫超過兩小時，活動就取消，久而久之孩子根本不可能花兩小時以上完成作業，效率會愈來愈好。）

五、不干涉孩子寫作業，除非錯誤否則不擦掉孩子的文字。

這一點，是我自己的堅持！我覺得孩子白天讀書、放學寫功課已經很辛苦，沒道理像抓小偷一樣坐在他身邊盯他寫功課！很多家長堅持字醜就要擦掉，我則持相反意見，如果是字的筆劃出錯、計算出錯才改正，其餘的交給老師，老師若認為孩子的字要重寫，就會把醜字圈起要孩子修正，那樣就夠了，若家長加碼吹毛求疵的要求，孩子真的會覺得寫作業好痛苦。

六、請孩子寫完功課後主動拿來檢查，並請記得在挑錯誤之外找優點

不盯著孩子寫功課，也請孩子主動拿作業來檢查、拿聯絡簿來簽名，若孩子忘記，可約定罰則（如扣一次戶外活動）。因為主動要求檢查作業與簽聯絡簿不是家長的工作，而是孩子完成作業後需擔的責任，雖然是小事，卻絕不能幫忙，有助於養成孩子負責任的態度。而幫孩子檢查作業時，不要只挑錯誤！請記得，每天都要找出他特別用心的地方給予誇獎，例如說：字好美、造句造得好、計算能力進步……等等，讓孩子從中獲得成就感。

七、履行約定，寫完作業一定有點心、自由時間，或戶外活動。

讓孩子知道完成作業後一定能有快樂的課餘時光，自然主動想快快完成、快快自由、快快玩樂。

八、不在乎成績，只在乎態度！

成績只是短暫的學習成果展現，「態度」才是跟著孩子一輩子的寶物。求學時學習態度好，出社會後工作態度就好，養成良好習慣、完成分內工作、為自己負責，不要給予過多課外作業、不要過度要求，讓孩子多花點時間去感受周遭的人事物，享受快樂的童年，而非一直練習、寫功課。

當然，建立好的寫作業習慣，一定需要經過一段陣痛期！尤其，孩子的寫作業惡習，簡直可以逼瘋父母，但愈是這個時候，父母愈要有耐性和孩子一起熬過。

★除了愛的教育，孩子能罵嗎？

「因材施教」很重要！不論是愛的教育還是責罰體制，不同屬性的孩子，適合不一樣的方法。像我家的姊姊：自尊心強、自我控制能力高、不允許自己犯錯，因此作業完成的速度慢，我不會逼她；作業做不好，我則理性而溫和的引導她，在肯定、正面的態度下，姐姐會控制自我將作業完成到水準之上。

但妹妹則和姐姐大不相同！

個性活潑、情緒起伏大的妹妹可以一秒前哭泣一秒後大笑，同時也健忘、不記仇，是個粗枝大葉傻小姐。對付妹妹這種型的孩子，有時候不兇個幾句是

沒有用的，她可能會試探妳底線到哪兒、乘機耍賴。所以，在妹妹面前我必須戲劇性十足，先虎媽再溫柔，在姊姊面前則要扮演和藹卻嚴謹的知識份子，呼！著實有點麻煩。（還好我是戲劇系的！）

　　一旦孩子慢慢養成負責任的態度，不需要催促而主動完成功課，甚至整理自己的書包、桌子、獨當一面完成該做的事，其實最開心最有成就感的，一定是身為家長的我們。習慣的養成，其實並不難，我們一起加油吧！

Q：孩子總是吵著不要寫作業，不然就說忘了帶作業回來，該怎麼辦？

A：不會寫、不想寫，是最常見的理由。還是建議以溫柔的引導與陪伴，來化解孩子剛回家想玩、躁動的心。陪他一起讀題目、想一想該怎麼回答，適度休息，等待孩子進入寫作業的心情。

若孩子總是用「課本、作業、聯絡簿，又忘記帶回家」做理由，這時父母一定要硬下心腸來堅守：

「忘記帶回家」，一定回去拿，不准逃避、該寫就寫。

「忘記帶去學校」，一定「不」送去，父母不是救火隊，自己沒謹慎整理，自己擔責任。

從小讓孩子養成「自己責任自己擔」的習慣，久而久之，孩子的責任感自會加強。

Q：我家小孩寫功課，很愛邊寫邊玩，不專心，寫超慢。

A：不論是誰，都有想發呆的時候，所以當孩子寫功課又發呆時，先以鼓勵取代責罵，問孩子要不要睡一下、休息夠了再寫。隨時提醒「點心在等你喔！」「若能在時間內完成功課便能外出走走喔！」……提升孩子寫作業的動力。

另外，孩子寫字的問題，也讓父母相當頭大！不是忽大忽小，就是歪七扭八，粗心大意，超簡單的問題還亂算、亂答。這時候，可以用開玩笑的方式問孩子：

「為什麼大象字跟螞蟻字在一起？可不可以讓他們一樣大？」

「為什麼這麼簡單的問題卻忘光光，是不是頭腦被偷走了呢？趕快算個對的答案讓媽咪看看頭腦還在不在？」

避開直接的責難，用輕鬆趣味的方式引導。

 聽聽專家怎麼說？　　　　　　　　　吳怡賢臨床心理師

「寫作業」是每個人在學習旅程中的必經道路，我們會因為獲得新知而感到快樂，但很少是因為重複寫了十個一樣的字而感到有成就。

請試想像當老闆要求你繳交一份報告，規定要手寫，字要漂亮，還派了「訂正專員」負責「協助」擦拭錯字及不漂亮的字，確保可在時限內繳交，你會因為接受一個可學習的挑戰而感到高興？還是想著「是不是得罪老闆了」？

雖然孩子的狀況和上述的情境不同，但感受卻是類似的。孩子無法完成

作業的理由五花八門，輕則小抱怨「功課太多寫不完」，重則暫時失憶症「今天沒有作業」。很少有孩子是因為喜歡寫作業而故意不寫，只為了讓父母生氣（在少數的特殊情況下，也是有可能發生），大多數的情況是，如果作業可以不用寫就自動完成，大家都開心。

若能理解孩子不寫作業的原因並不是要激怒父母，而父母的憤怒反應，就可能會讓孩子更感到寫功課是一件討厭的事，想要逃避，形成不良循環。

為了要避免形成不良的循環，我們要協助孩子體驗「寫功課」和「好事」一起發生的經驗，例如，完成作業後，有值得期待的點心、自由的遊玩時間及父母對其努力的肯定……等。這裡有一點需要提醒的是，有部分的孩子在學習上較落後或是有注意力方面的困難，這時候就算是給予多少「好事」，可能都無法改善他錯誤連篇或拖拖拉拉的情況，更可能讓雙方都感到挫折，建議讓孩子接受專業的學習能力或注意力評估，與專家共同擬訂對孩子有效的學習策略。

親子互動時，家長扮演的角色本來就很多元，只要妳願意，每個家長都可以是演技高手！用愛與包容去引導孩子，無論嚴格或溫和，孩子終究會感受到妳的心意，這也將成為親子相處的另類趣味喔！

六、不洗澡、不刷牙

可能是女生的關係，「不洗澡」的狀況，我很少遇到。但是，相較於「洗澡」的乖巧，「刷牙」卻彷彿要她倆的命！

對於刷牙的恨意，姊妹倆有志一同，從小就嫌牙膏辣、嫌牙刷刺、嫌刷牙麻煩……真是傷透腦筋！

❤ 小陸媽咪甘苦談

　　從小兩個小姊妹就蠻喜歡洗澡，只要媽咪說「洗澡囉！」兩個小傢伙就會主動帶著喜歡的玩具到浴室裡玩耍，如果是「大浴缸泡澡時間」，更是不用媽咪要求就搶著跳進浴缸，一泡就是半小時，玩水玩得好開心，想拜託她們出來都還很難呢！

大約到四、五歲後，小姊妹開始自己洗澡，六歲後也學會自己洗頭，媽咪好輕鬆！現在一放學回家第一件事就是跑進浴室洗香香，真是值得誇獎！

　　但有一好就沒有兩好，相較於洗澡，「刷牙」這件事，就像要她們的命一樣，跟刷牙有關的一切，無所不嫌，媽咪讓她們自己換牙膏、選牙刷、挑漱口水，兩人依然極度不配合，我又不喜歡抓住她們硬幫她們刷牙，大多還是請她倆自己憑良心認真刷，每天的刷牙時間就在媽咪碎念、孩子亂刷的循環中渡過。

　　很快的，報應來了……

　　小姊妹從五歲開始就成為牙醫院的常客！唉！小乳牙一蛀就很容易蛀到神經，兩個孩子於是有「豐富」的根管治療經驗，媽咪我也常常被醫師唸……

　　「怎麼沒有好好照顧小孩的牙齒呢？」每次我都很無言，她們這麼不配合，媽咪該怎麼辦？

　　我知道媽咪應該更認真的執行潔牙任務，孩子的牙顧不好，家長確實要負起第一大責任，不過我還是要抱怨一下，請容我申訴……孩子們的身邊，真的存在各種「牙齒殺手」，那就是，「無所不在的糖果」！

　　當小姊妹開始蛀牙時，我認真地尋找原因，她們每天都有刷牙，怎麼還會蛀成這樣呢？

　　這才發現，家裡雖然沒有甜食，但小姊妹無論是去阿嬤、親戚家玩，甚至上才藝課，都會得到許多「糖果」作為獎勵或小禮物，一旦被媽咪發現，糖果會被「銷毀」，所以，她們更常趁我不注意時把糖通通塞下肚。

　　唉！媽咪除了無奈還是無奈，真想登高一呼：各位大人呀！別再拿糖果討好小孩啦！

　　沒把孩子的牙齒或健康照顧好，最自責的總是母親；看到她們痛苦的看牙醫，最心疼的還是母親。可是，此時也只能告訴自己，既然牙已經蛀了，別再自責，更認真的督促孩子們潔牙吧！

　　唯一令媽咪我比較欣慰的是，上國小換牙後新長出來的恆牙終於是白淨的樣子，女兒們長大開始愛漂亮，曾有過一口爛牙的過往，現在對於清潔牙齒的

被動態度也漸漸改進，主動在刷牙之外使用牙線、漱口水。

其實，牙齒與身體都是孩子的，我始終希望是孩子「主動」想洗澡、想刷牙，如果在過程遇到挫折，也請各位家長打起精神，我們一起加油吧！

媽咪寶貝小劇場

★讓孩子愛上洗澡

媽咪：洗澡囉！

寶貝：我今天沒有流汗……

媽咪：沒有流汗也可以玩水呀！

寶貝：我不想玩水！

媽咪：媽咪今天有準備釣魚玩具可以在洗澡的時候玩喔！媽咪可以陪妳一起玩！

（引發興趣，而且陪伴很重要）

寶貝：我可不可以換衣服就好？

媽咪：可是洗澡才會香香的，妳聞，沒洗過的衣服好臭，洗過的會香香的，我們把自己洗乾淨變香香，才不會臭臭黏黏癢癢長滿細菌喔！

（實際讓孩子比較髒髒臭臭的衣服跟乾淨的香衣服，感受氣味的不同）

讓孩子喜歡上洗澡是很重要的事情，排斥洗澡的孩子，很可能是有不愉快的經驗，例如：被水弄痛眼睛、水溫過高、在洗澡過程因分心玩耍被喝斥，甚至曾落入水中造成恐懼……之類的負面記憶，才會導致害怕洗澡。

當然，也有很多孩子純粹是因為覺得「洗澡好麻煩」，因此營造舒服的洗澡過程真的很重要喔！

Q：讓孩子開心愛洗澡，有沒有什麼好方法？

A：小陸媽咪超有用的洗澡妙招

1. 冬天洗溫暖的水，夏天洗涼涼的水，讓孩子覺得很舒服。水溫不能太燙、不能太冰，不用一直擔心孩子著涼，愈能適應環境的孩子抵抗力愈好！女兒們在夏天幾乎都洗冷水澡，兩個人常玩涼水玩到開心尖叫，卻也非常少感冒呢！

2. 善用孩子喜歡的安撫洗澡玩具。

我們家孩子們最喜歡「海獅系列」的娃娃，所以，如果看到這類的沐浴球、毛巾娃娃，我們都會多買好幾個來替換，一邊洗一邊和孩子扮家家酒：「海獅要跟妳打招呼囉！」、「海獅說，我可以幫妳搓搓背嗎？」用扮演的方式，讓洗澡成為歡樂的玩耍時光。

3. 讓孩子感到洗澡是享受！

幫孩子溫柔的洗頭髮、洗臉、洗身體，是親子相處難能可貴的時刻。尤其是洗頭髮與沖頭髮，如果能讓孩子舒服地躺在小浴缸，輕輕幫他們按摩頭皮，不要讓水流到眼睛耳朵裡，孩子一定會愛上這「沙龍級享受」。覺得很麻煩嗎？其實這樣的時光只有幾年可過，孩子一下子就長大了！把握還能甜蜜相處的時刻，一點也不累！

Q：每次半推半就地讓孩子刷牙，好累啊！有沒有能讓孩子們主動愛刷牙的妙招？

A：小陸媽咪這樣做～

寶貝：我不想刷牙！

媽咪：寶貝，媽咪要講一個跟牙齒有關的故事，裡面會告訴
　　　我們怎麼讓牙齒健康又漂亮喔！從前從前，有一隻不
　　　愛刷牙的小熊………

（藉由卡通或故事的發展、繪本的閱讀，讓孩子知道刷牙的
重要！）

寶貝：可是我還是不想刷牙！
媽咪：妳還記不記得巧虎的刷牙歌？媽咪放給妳看，我們一
　　　起看、一起刷好嗎？

（跟著刷牙童謠的帶動，陪著一起唱、跳、刷，孩子會覺得
刷牙有趣！）

寶貝：可是我還是不想刷牙！
媽咪：如果妳不刷牙，嘴巴會有臭臭的酸酸的味道，大家會
　　　覺得妳好臭不想跟妳玩，可是如果妳刷完牙，那就會
　　　香香的，很討人喜歡喔！

（藉由同儕觀感來影響）

寶貝：可是我還是不想刷牙！
媽咪：如果不刷牙，牙齒裡的細菌魔王就會趁妳睡覺的時候
　　　敲打妳的牙齒，妳的牙齒會好痠好疼，魔王還會生一
　　　大堆細菌寶寶，把牙齒蛀出一個大洞……

（衛教童話方式引導）
以上這些都是鼓勵孩子刷牙的好辦法！

聽聽專家怎麼說： 吳怡賢臨床心理師

　　刷牙和洗澡是重要的自理能力，一開始的學習經驗格外重要，依據孩子的社會心理發展及行為改變技術的概念，建議家長可使用以下方法協助孩子建立正向行為。

刷牙洗澡養成遊戲：

♥ 一至三歲的孩子，從練習控制自己的動作上獲得成就感，家長在幫孩子刷牙洗澡的時候，可以讓他幫自己抹點泡泡、沖掉泡泡，或拿牙刷自己刷兩下，增加孩子的自信心。

♥ 四、五歲的孩子，開始嘗試「主動的行為」會帶來什麼樣的結果，正向的經驗有助於主動行為的養成。家長可將刷牙洗澡設計成數個小任務，例如「擠牙膏／杯子裝水→上刷刷、下刷刷、左刷刷、右刷刷、裡刷刷、外刷刷→漱漱口1、2、3→擦擦臉→身體沖水→搓泡泡→泡泡抹身體→沖乾淨→毛巾擦乾」，家長可帶著做幾次，待孩子熟練後，讓他自己來，並肯定他主動達成任務。

♥ 六、七歲以上的孩子，可藉由點數系統（token system）協助孩子建立並維持主動刷牙洗澡的習慣。例如，達成每日刷牙任務可獲得一點，洗澡步驟正確可獲得三點，累積點數的過程中可獲得他人肯定，累積點數換得獎勵時，更能自我肯定。

除了幫助孩子找到愛刷牙的方法之外，有許多研究指出，刷牙的清潔、防蛀效果其實並不完全，如果能搭配含氟漱口水防蛀，再用牙線清潔牙齒縫隙，才能全面保護牙齒。

NOTE

2 Chapter

《失禮系列》
小惡魔超失態！該怎麼辦？

氣質滿分♡優雅100%

小陸媽咪的煩惱

禮貌，是人與人間互相尊重的基本態度，是人際往來應對進退的行為準則，「有禮走遍天下，無禮寸步難行」，這道理大家都懂。

可是，孩子如同一張白紙般降臨在這個世界，大人的規矩對他們來說，並不似想像中簡單。

要怎麼修飾孩子直來直往的坦率心性？

要如何讓孩子學會大人社會中的禮儀規範？

該怎麼把「沒有禮貌的小惡魔」調教成「有同理心的禮貌小天使」？

在重要的場合，孩子卻說出不懂人情世故、傷人又直白的童言童語，害「中槍」的親友手足無措、全場氣氛陷入冰點……
妳有遇過這尷尬的狀況嗎？

💗 小陸媽咪甘苦談

　　孩子們剛學會講話的時候，是為人父母特別有成就感的時刻。無論是第一聲「媽媽」，或第一個能使用的語彙，都會讓媽咪感動到眼眶發熱，覺得自己終於把「小動物」養育成具有語言能力的小人類啦！

　　牙牙學語的「臭奶呆」腔調，真的是最可愛的時候。不過，度過了這個時期，會發現孩子的語言能力在兩三歲以後瞬間突飛猛進，從單字進步到句子，然後開始出現一連串令父母跌破眼鏡的對白。

　　還記得莉塔姐姐兩歲時，有一天，吃太飽的我窩在沙發上哀號～

（畫面回溯到N年前）

小陸媽咪：（抱著肚子動不了） 天啊……我吃太飽了……我快飽死了……

（此時，遠方的小莉塔忽然淚眼汪汪的跑來！）

莉塔姐姐：媽咪！妳不能死！妳不能死！

當下，飽到快撐死但其實不會死的小陸媽咪噗哧大笑，覺得可愛的童言童語實在太窩心，只好「抱緊處理」。

然後，出門散散步也會有趣事發生～

（畫面再度回溯到N年前牽著莉娜妹妹的手去商店購物的場景……）

莉娜妹妹：（走累了討抱） 媽咪，寶寶不要走。
媽：（溫柔勸說）加油！寶貝，商店快到了，等一下給妳挑一樣，好不好？
妹：（搖頭）不要，我要挑不一樣的！

媽媽再度大笑融化。「沒問題，挑一樣不一樣的！」

這些孩子兩三歲間逗趣的寶寶語，是父母珍貴的回憶。

不過，隨著年齡漸長，事情的發展漸漸不對勁……

有一天，我們去一向光鮮亮麗的漂亮好友家裡作客，剛開始，孩子們有禮貌地打招呼、乖巧的畫畫……一切都很好。直到好友決定先換下洋裝、卸妝洗澡，再出來繼續跟我們閒聊時，大事不妙！

好友再次回到桌邊，小姊妹忽然狐疑地盯著一臉水珠、穿著睡衣、頭上包著浴巾的好友猛看，好友忍不住問：「怎麼啦？」

小姊妹不假思索地說：「阿姨，妳怎麼不是阿姨了？」

剎那間，室內一片安靜，然後……「是說我卸妝前後有差這麼多嗎？」

好友大笑的自我解嘲，大夥兒才爆笑出聲來。事實上，媽咪我那時候簡直慚愧的想挖洞鑽進去！這兩個小皮蛋，也太沒禮貌了吧！

其實，好友還是一樣美麗，但對小小孩來說，剛剛那個頭髮捲捲、睫毛長

長，穿得像公主的人忽然變身，在孩子的世界難免會覺得奇怪。

這樣的情形愈來愈多，許多大人視之為禁忌的直白話語，孩子總是口沒遮攔的脫口而出，到底該怎麼做才能改善？

 媽咪寶貝小劇場

★我直白的孩子們呀！

假設，在路上遇見外觀與常人不同的朋友，孩子無心傷人的話語讓他聽見了，該怎麼做？

> 寶貝：媽咪，他的皮膚好奇怪喔！凹凹凸凸的，顏色也不一樣……
>
> 媽咪：（嚴肅，對孩子）寶貝，妳知道妳說了很沒有禮貌的話嗎？（誠懇，對聽到自己被批評者）對不起，孩子不是故意的，請你原諒。

小陸媽咪的做法是：

（一）先道歉，大事化小：

聽到失禮的話當下雖然很尷尬，但是如果此時抓著孩子猛嘮叨、猛解釋孩子是說錯了哪些話，或哪些部份很失禮……其實對於「對方」，也就是被孩子「戳中」的對象，有可能造成二度傷害。

舉例來說，假設孩子直言別人身體的缺陷，而家長在對方面前不停解釋，可能會造成：一、我們的解釋不一定符合對方的期待，對方想回應卻愈描愈黑；二、引起周遭的注意而讓事件擴大，很容易造成反效果。

如果是我，當下第一個動作是：「道歉」。誰道歉？小孩嗎？不，是大人，是家長。家長應該為孩子的失禮在第一時間致上歉意，讓對方知道你是在意這件事情，並且感到抱歉的。但是，此時孩子還不懂他為何做錯，所以不必急於逼著孩子道歉，只要父母對這件事勇於負責，通常這尷尬的插曲可以大事化小、暫時過去。

（二）後解釋，不逃避問題：

但是，第一時間沒有要求孩子道歉，沒有在眾人面前解釋問題，並不代表這件事就這樣結束。跟當事人道歉之後，家長應該盡快讓孩子明白自己的話語為什麼失禮？把孩子帶到較安靜、安全的環境中，專心、和藹的跟孩子說明剛剛那件事出了什麼問題？為什麼家長要代替他道歉？

> 媽咪：寶貝，媽咪把妳帶到旁邊解釋，是因為不想要讓妳傷害那個人的話，再一次讓那個人聽見。妳知道嗎，那個人本來是跟妳一樣的正常人，但是他發生了意外，身體變得跟我們不一樣了。
>
> 寶貝：發生什麼意外？
>
> 媽咪：媽咪不是他，媽咪不知道他發生什麼意外，可是媽咪知道他不想要別人盯著他不一樣的地方看、批評他的身體。他可能是遇到爆炸、可能是被火燒到，有很多可能，總之都是很痛苦的狀況，妳明白嗎？
>
> 寶貝：可是我沒看過這樣，我很想看……

如果孩子還想繼續追問，怎麼辦？

（三）引導同理心：

這個步驟，是我認為最重要的！就是，讓孩子「思考」與「感受」。

思考為什麼家長第一時間要代替他道歉？為什麼剛剛的行為、話語需要道歉？

> 媽咪：寶貝，妳想想看，如果媽咪遇到火災，被燒的皮膚壞掉了，別人盯著我看，還一直問我，妳覺得媽咪會不會開心？
>
> 寶貝：不會。
>
> 媽咪：妳再想想看，萬一是妳遇到爆炸，臉臉受傷了，妳已經很痛很痛了，別人還說妳好奇怪，還想一直看著妳，妳的心裡是什麼感覺？
>
> 寶貝：我會很難過。
>
> 媽咪：不只妳，媽咪也會很難過，如果我們發生意外，變得跟正常人不一樣，那我們更不希望大家笑我們奇怪，我們會希望大家可以好好的對待我們，不要用異樣的眼光看我們，對不對？

無論孩子批評什麼，適當的引導，感性的反省，最好能舉他自身的例子，讓他知道當事者的不舒服。從而養成為人著想的同理心。

「我們以禮待人，別人自然以禮相待，倘若我們言語傷人，別人也可能會用同樣尖銳的話語刺傷我們。」讓孩子將心比心、設身處地感受別人的心情。

（四）想一想再說：

如果每次發生「說錯話事件」，家長都有妥善處理，那麼孩子應該可以慢慢養成為別人著想、想一想再說的習慣。當孩子漸漸長大，有辦法獨立思考、辨別是非，也就有自我控制的能力，令人尷尬的狀況就會慢慢減少。別忘了提醒孩子，如果真的有什麼問題很好奇想知道，又覺得問題有些唐突，那麼請私底下低聲詢問家長，而非在眾人面前大聲發問。

（五）以身作則不批評

說真的，沒有人可以完全不批評別人，尤其在家裡，在自己最親的人面前，常常口無遮攔、心直口快。但，如果教育孩子別說帶刺的話，自己卻常做負面的示範，又怎麼能讓孩子信服？

最好的辦法就是養成正向思考、看優點不看缺點的習慣，這可是小陸家的小撇步喔！什麼事都只看優點，盡量多誇獎，那自然不需要批評，久而久之，正能量也會充滿滿、世界更美好！

舉手發問Q&A：

Q：可以強制要求孩子閉嘴，或用責罵來處理嗎？

A：首先，家長一定要了解，說錯話、說話沒禮貌，不是小孩的錯！孩子並不是故意要給別人難堪，只是說出自己看到的事實，倘若因為「說實話」而被罵，他便會得到一個訊息：「說實話是不應該的。」他可能開始懷疑自己是否該誠實，甚至對說話失去自信，最後乾脆什麼都不說。

過去的傳統教育大多會以責罵取代引導，導致「害怕說錯話」的文化從孩子的求學過程（如上課時不敢發言），延伸到出社會（反正多說多錯，不如不說為妙）養成人云亦云的習慣。這是很不好的喔！

所以，別壓抑、別責罵，而是分析問題，讓孩子知道是哪些地方「無禮」，才能真正改變。

 Q：如果孩子一而再，再而三發生失禮的狀況，怎麼辦？

A：如果覺得孩子有些故意的成分，請引導孩子思考：

為什麼要說別人不喜歡聽的話？

是因為好玩嗎？因為旁人會笑嗎？

因為可以把當事人惹生氣嗎？

這樣做，有意義嗎？

一時的好玩之後，有想到別人的心情嗎？

不謾罵、理性講。用略為嚴肅的態度，讓孩子看清自己無心行為背後的殘忍，正視問題、慢慢改變行為模式。

 聽聽專家怎麼說？　　　　　　　　　　　　吳怡賢臨床心理師

　　好奇心是孩子天生的能力，一至二歲的嬰幼兒會用各種感官來探索環境；二至三歲的語言發展漸漸成熟，開始能夠用語言表達自己的想法及感受，會跟大人問個不停：「為什麼鳥會飛、為什麼星星會亮、為什麼他沒有腳、為什麼……」，或樂於表達內在的想法：「好香、好臭、好吃、不好吃……」，由於想到什麼說什麼，通常就會遇到免不了的尷尬情況。

　　要孩子能夠做到「什麼話該說，什麼話不該說」，需要考慮到孩子的認知發展階段及社會化能力。通常四歲以上的孩子才能較精確從別人的角度看待事

情，六、七歲以上的孩子才能考慮到較多的環境訊息。要提醒的是每個孩子會依天生的氣質及後天的教養環境不同，而有不同發展速度，需要依孩子的狀況調整教導的方式。

說話不NG養成班

💜 事前教導

平時可和孩子一起探索環境，當發現不同的人、事、物時，適時給予說明，若要培養孩子的同理心，除了以身作則（例如，幫助有需要的人、捐贈物資），也可帶領孩子閱讀同理心相關的繪本（例如，紅盒子裡的秘密、是蝸牛開始的……等）。

💜 現場示範

當孩子不合時宜的發言，造成他人的困擾，家長可掌握三個處理要點：「關懷他人的心情」、「說明孩子的無心之過」及「表達歉意」，讓孩子學習如果不小心傷害他人的處理方式，同時也不會因為被指責而日後怯於探索或表達想法。

💜 事後教育

家長可鼓勵孩子描述事情的經過（有助於孩子覺察情境的能力），了解孩子的想法（例如，好奇、好玩），討論行為是否恰當（例如，是否有造成他人困擾），討論適合的做法（例如，道歉、私下再問……等），再一起練習看看。

請用愛與耐心陪伴他、引導他，別壓抑孩子說話的權利，更別硬把孩子純真的想法硬轉變為只能說虛假奉承美言的不自然樣貌。讓孩子保持勇敢表達的天性，同時讓孩子知道尊重別人的重要性。

二、逃避打招呼

好奇怪喔！問好不是很基本的嗎？為什麼孩子就是不肯開口？
每次在外面看到別人家的小孩，總是對人笑咪咪、甜蜜蜜的打招呼，自己
家的小孩就畏畏縮縮、愁眉苦臉，好像打招呼是什麼苦差事？
到底為什麼會這樣？該如何改善呢？

那是你朋友，又不是我朋友……

打招呼嗎？

剛剛不是說好要

小陸媽咪甘苦談

說到打招呼這件事，真的很惱人！小陸媽咪是個很重視禮貌的天秤座，從小就希望孩子也能有禮貌、嘴巴甜，但是莉塔莉娜小姊妹完全與我的理想背道而馳，不但不主動打招呼，每次都要媽咪提醒後才肯勉強開口，眼睛也常常逃避直視對方，這看起來超「失禮」的態度，總讓我燃起心底一把無名火！

好奇怪，為什麼會這樣？

後來我努力追根究底想找出原因，咦！我忽然想起，我自己小時候也非常不喜歡打招呼耶！心裡忽然被重擊一拳……原來我也這麼無禮嗎？為什麼？

仔細回想自己的心情，確實我還清楚記得那種「打招呼」前的尷尬與躊躇，明明知道打招呼沒什麼，可是就說不出口；明明在心裡預演等一下大聲問好的方式，但是當站在要問好的人面前，一句話就是梗在喉嚨裡說不出。對於熟人、親友，倒是沒什麼大問題（但也不是問好，就是大聲的叫對方，例如：

阿公、阿嬤、姑姑……），但對於陌生的叔叔阿姨，硬要說出「阿姨好！」、「叔叔好！」就是有什麼不對勁。

這種不舒服的感覺我還記得，卻也不甚明白為什麼會這樣？這症頭一直到我考上大學的那年暑假，開始在外打工後，不藥而癒。這時候的我真正跨出自己的舒適圈，跨入社會中，我發現人與人相處，必須釋出善意讓對方知道，而一句問候，其實代表的是對彼此的關心，再也不是家長站在我們前面「要求」我打招呼了，而是「我自己為自己打招呼」。忽然間，我跨過了內心那個關卡，打招呼、問好，變得非常自然且簡單。

當自我檢討後，我對於女兒的被動開始釋懷。也許到了可以開口、願意開口的那個時機，才會真正體會「問好」的意義。不過，為了符合社會禮儀，我還是會幫孩子們做一些「特訓」，重視的是「過程」而不是「效果」，就來分享我的方法吧！

❤ 媽咪寶貝小劇場

★提前實境模擬的練習

別說孩子，就算是大人，忽然被置入一個陌生的環境，不得不和許多陌生人相處，還被迫要打招呼、互動，甚至加上一陣親摸擁抱……光是想到就覺得壓力很大！

所以，先讓孩子知道等等要去哪？會遇到誰？該跟誰打招呼？是家長建立孩子心理安全感非常重要的步驟。

媽咪：寶貝，等一下我們要去姨婆家吃飯，妳還記得姨婆嗎？

寶貝：哪個姨婆？

媽咪：是小姨婆喔！頭髮長長、喜歡維尼小熊的姨婆！她很想妳喔！妳很喜歡去她家，記得嗎？

（生動描述親友，甚至親友家的特點，喚醒孩子的記憶，並且建立親友與孩子之間的關係。）

寶貝：我記得！

媽咪：那妳等一下看到姨婆，願意跟她打招呼嗎？

寶貝：要說什麼？

媽咪：妳想說什麼？我們來練習看看！

寶貝：嗯……姨婆好。

媽咪：很棒！還能說些別的嗎？比如說……好久不見，姨婆又變漂亮了！
　　　或者……姨丈公好帥！

（用俏皮的方式讓孩子覺得有趣）

寶貝：（樂）姨婆好漂亮！姨丈公好帥……

（用歡樂的方式引導孩子，喚醒孩子的記憶，讓孩子願意更自然、開心地
打招呼。）

★讓孩子感受「被問好」的心情

若孩子不肯開口，可以試著反向引導，讓他知道「不被問好」、「不被重
視」的感覺。

媽咪：寶貝，妳剛剛沒有跟叔叔打招呼，而且還把頭轉開，故意假裝沒看
　　　到他。

寶貝：……

媽咪：妳想想看喔，今天，叔叔在路上遇到妳，妳知道他是妳認識的人，
　　　可是，他卻忽然冷冷地瞪妳一眼，把頭轉開，故意轉身就走，那妳
　　　會覺得很開心，還是有點奇怪？

寶貝：有點奇怪。

媽咪：對啊！是不是還會有點……難過的感覺？好像叔叔不想理妳了？

（喚醒寶貝的同理心）

媽咪：妳心裡真的不想理他嗎？

寶貝：沒有啊。

媽咪：我知道妳沒有，可是如果用今天的態度，叔叔一定會誤會妳討厭
　　　他。如果別人這樣對妳，妳也會這樣覺得，對不對？

（用不同的方式舉例，讓孩子感受對方所感受的。）

媽咪：如果有人一看到妳就笑咪咪的跟妳說妳好、早安，妳是不是心裡會覺得開心？妳喜歡別人對妳冷冰冰、兇巴巴，還是笑咪咪？

寶貝：喜歡笑咪咪。

媽咪：下次有人跟妳打招呼的時候，可以回他一聲「【你好】」，或者對他笑一個嗎？

（溫柔引導、潛移默化）

對於請孩子向親友問好，這樣的同理心建立，是很有效的。但如果對於要求孩子向家長的朋友或不熟的人打招呼，我覺得這招作用不大，因為我的孩子不肯打招呼的原因，大多源於對方的陌生，不想跟陌生人互動，也不在乎陌生人對他的看法。

即便如此，我還是常常重複這樣的「練習」，希望可以慢慢在孩子的心裡建構「對外人釋出善意」的習慣。

★隨時不忘誇獎

只要今天孩子主動向人打招呼、問好，一定要記得誇獎「你表現很勇敢！很棒！」、「有禮貌的小孩最討人喜歡啦！」，讓孩子知道自己的嘴巴甜甜，原來會得到鼓勵，心裡也甜甜。

但是請記得不要真的給孩子糖吃，或給予太物質的鼓勵喔！好多長輩只要小孩一嘴甜打招呼，就會奉上許多糖果餅乾，這可不是個好主意。應該讓孩子在讚美中，理解「打招呼」是對的事情，把「禮貌」變成生活習慣。

★不要負面威脅：孩子害怕陌生人並沒有錯！

沒有問好，也許是孩子的心理還沒有準備好，不要再給他施加壓力。畢竟，在襁褓時期離開媽咪懷抱就會大哭的小寶寶，並不是會走路、會說話以後，就可以瞬間習慣大人的世界。況且，除了最熟悉、常常見面的家長與爺爺奶奶外公外婆姑姑舅舅之類血親外，其他的「熟人」，都是大人的熟人，不是孩子的熟人。

所以，千萬不要威逼，也盡量別以責備的語氣說：「小孩不可以這麼沒有禮貌……」久而久之，孩子不會因為負面評價而改變，反而可能會認定自己

「我就是沒禮貌，怎樣？」對小小心靈造成傷害。

★理解孩子不問好的原因

有時候孩子明明願意跟人打招呼，卻唯獨不想跟某個特定對象問好，也許該私底下跟他聊聊為什麼？也許有特殊的原因我們卻未察覺，例如孩子曾和這位親友產生不愉快？或因不熟悉而感到恐懼？甚至有其他原因？

說真的，有的大人對人嚴厲冷漠，有的大人溫和善於引導，所以孩子對待不同的人，也會有不同的態度。遇到會用不好的方式逗孩子，或引發孩子反感的大人，孩子會本能保護自己，家長也應該適時給予幫助，觀察孩子的遭遇，了解孩子的心理，找出原因，才能從根本解決問題。

★以身作則，以引導代替要求

其實女兒跟小時候的我很像，只要看到喜歡的熟悉的親友，就會大老遠呼喚著對方的稱謂，然後奔跑而去，任誰都能感受到她們的熱情。但面對比較不熟悉的親友，則必須一再壓抑自己緊張的情緒、武裝自己的表情，才有辦法開口。

所以，每次看到孩子在我的朋友面前，怯生生猶豫該如何開口時，我會適時幫她一把，自己先問好，先和好友寒暄一番，讓孩子們知道對方是善意的、好相處的，再邀約她們一起問好。

以身作則，以親身引導代替言語要求，永遠是教育孩子最棒的方式。

舉手發問Q&A：

Q：如果以上都做了，孩子還是很排斥跟人打招呼，怎麼辦？

A：小陸媽咪自己小時候真的也好害怕跟人打招呼喔！

若要說那個不懂問好的自己有什麼錯？我也不覺得。因為我沒有惡意，就是覺得害羞與尷尬。雖然會給人失禮的觀感，但這好像不是因為父母的教育錯誤、禮節宣導不夠，而導源於孩子內心的不安全：「我覺得我還不夠認識你，我心裡還沒到可以跟你說話的狀態」……諸如此類。

所以，如果可以的話，請再多給孩子一點時間，我們一起期待他願意自己真心開口問候的時刻吧！

 聽聽專家怎麼說？　　　　　　　　　　吳怡賢臨床心理師

　　依據社會情緒發展，二至三個月的嬰兒會對陌生人微笑（社交性的微笑）；六個月大時開始出現對陌生人防備；二至三歲孩子開始經歷什麼都「不要」的叛逆期，同時也要考慮孩子先天的氣質不同、父母的教養類型及孩子的情緒狀態，都會影響孩子是否會出現主動打招呼的行為。因此要孩子順利的向他人打招呼，真的需要「天時（適合的發展階段）、地利（感到安心的地點）、人和（親子關係）」。

打招呼這麼做

❤ 天時

　　當孩子已經不害怕陌生人，也較能遵從家長的指令，可透過鼓勵的方式（例如，口頭獎勵「能主動和他人打招呼是一個很棒的行為」、實質的獎勵

「選一個喜歡的小零食」），增強孩子打招呼的行為，當孩子建立成功的社交經驗，日後即使沒有額外的獎勵，透過自我肯定，仍能維持正向的社交行為。

💜 地利

若孩子先天的氣質較內向或較難適應新事物，則孩子在熟悉的場合中會有較高的成功率。因此和他人會面之前，預告情境及練習，有助於孩子降低社交焦慮。避免在社交的場合中，過度將焦點放在孩子身上，允許孩子有一段時間的暖身，再來問候他人。

🖤 人和

孩子最早的社交互動對象為兒時的主要照顧者，若照顧者可時時注意到孩子的情緒狀態及需求，適時的給予回應，孩子便可和主要照顧者建立安全的依戀（attachment）關係，有助於孩子日後社會互動的能力。

大人們教育孩子要小心陌生人，又要孩子主動跟他不認識的人打招呼，在孩子的小小心靈可能造成難以理解的問號。當然，嘴甜的孩子討人喜歡，不打招呼的孩子顯得彆扭，但是，這可沒有絕對的對錯喔！尊重孩子的想法，也是家長該學習的課題之一呢！

你的寶貝是否曾在大庭廣眾之下做出讓你想挖個地洞躲起來的失禮舉動？

遇到這種狀況，到底該變身虎媽制止孩子？

還是裝作沒看見，讓孩子玩個過癮？

小陸媽咪甘苦談

你是否曾在公共場合看到小孩無禮的舉動，因而覺得：「這個孩子好沒教養，爸媽到底怎麼教的？」

你是否也聽過像這類不為人著想的孩子的父母辯解著：「孩子還小，不懂事！」其實，不懂事、不懂禮貌的，不是年幼的孩子，而是家長！

雖然說，孩子皮不一定是爸媽的責任，但是，看到孩子脫序的行為，卻沒有看到父母給予適當的規勸引導，那在外人眼中的觀感是很不好的。

我曾經在一個戶外的野餐聚會時，看到這樣一幕：

藍天綠地的悠閒午後，大家快樂野餐，每塊野餐墊上都是用心準備的餐點，大人小孩或躺或坐、或吃喝，或玩耍，臉上都洋溢著歡欣笑容，好一幅天倫之樂的畫面！

突然，有個大約五歲的男孩拿著一把大大的水槍，穿梭在許多野餐墊中開心地跑跳著……嗯！感覺起來也是很開心的畫面，但，不對！怎麼他的周遭有許多人露出不悅的臉色呢？

很快的，我的兩個女兒跑來告狀：「媽媽，那邊有個弟弟一直拿水槍射我們！」「媽媽，我的衣服都被弄濕了！」

不會吧……這個弟弟，竟然拿有水的水槍到處射擊野餐中的家庭？難怪大家都露出不悅的神色。

他的家長呢？我轉頭一看，看到離他不遠處，有個阿嬤笑臉盈盈地凝視著他。說時遲那時快，小弟弟接觸到我的眼神，竟然挑釁地拿著水槍奔來，朝我掃射！

我的一把無名火立刻燃起，壓低了聲音嚴肅的對弟弟說：

「弟弟，你這樣拿水槍射人，是很不禮貌的，大家都在吃東西，不想玩水，也不想被弄濕……」

他後方的阿嬤立刻一個箭步衝上來，一句道歉也沒有，護住孫兒轉頭就走，還說：

「乖孫，來，咱不要在這裡玩，去旁邊玩。」

於是弟弟帶著得意的表情，瞪我一眼，又自顧自地尋找下一個「攻擊」目標。

剎那間，我無奈又無言。

你說，有問題的，到底是誰？

比孩子沒有禮貌更嚴重的，是父母的寵溺，是家長的放縱，是照顧者對於孩子無知行為的無感。

印象中有在新聞中看過，搭長程飛機時，一對家長自製中英文小卡片與耳塞小禮物給同班機的其他乘客，說明「請體諒孩子可能的吵鬧」。

我非常讚賞這對父母的貼心，因為孩子本來就會吵，這是乘客都知道的事實，但父母還願意多做一點、多照顧機上乘客的情緒，我相信他們的孩子就算不安穩、哭鬧，一定都會在合理的範圍之中，因為父母充滿了同理心，會關懷、紓解孩子的不適。

　　回想起不久前我們也曾受過班機上孩子吵鬧的苦。那次是飛機從加拿大飛回台灣，我們一家四口被安排在「家庭區」，前排與身邊都是帶幼兒的家庭，不過每一組家庭都很安靜，除了前座的一家三口。

　　飛行才一開始，一對三十出頭的父母，就放著他們約兩歲大的孩子哭了大約一小時，完全沒把他抱起來哄，讓孩子哭到睡著。孩子狂哭期間，空姐數度關心，甚至我隔壁座的一位奶奶都起身要幫這對父母抱小孩，父母卻搖頭拒絕，就讓這個孩子嚎啕大哭整整一小時……同樣的狀況在十個小時的飛行時間中重複了三次。孩子醒了又哭、哭累再睡，連續循環……這件事，列為我「不可思議事件」名單中的前幾名。

　　當知道孩子影響到周遭眾人時，為什麼不哄哄孩子？為什麼不盡父母的責任，帶他散步、陪他聊天，讓他轉移注意力？

　　當孩子不理性而影響到他人的時候，父母該怎麼做？

媽咪寶貝小劇場

　　小陸媽咪家的兩個皮寶貝最常在公共場合發生的失禮事件排名：

　　第一名：拿湯匙筷子敲餐盤或敲擊會發出聲音的器具。

　　第二名，把腳伸到椅子上以怪異的拉筋姿態吃飯（外加踢椅子）。

　　第三名，姊妹吵架。

　　雖然知道阻止她們也許是扼殺姊妹倆打擊樂方面的天才、體操國手的肢體，甚至是成為律師的辯才（欸，想太多），但，真的不可以放任他們在公共場合引發眾怒！

★明確的告知「可以」與「不可以」

（當寶貝正做著會影響他人的舉動，例如拿玩具丟來丟去。）

媽咪：寶貝，不可以，請停止妳的動作，謝謝。

在公共場合，什麼事可以做，什麼事不可以做？要明確而清楚的規範。

記得曾看過一些教育文章，認為盡量少跟孩子說「不可以」，所以在家裡，我確實很少堅決的說「不可以」，大多讓孩子自己決定該怎麼處理。但出外後，我會忽然變身「虎媽」！只要覺得這個行為「影響到他人」、失去了分寸，就會嚴格疾呼「不可以！」讓孩子知道自己剛剛做的行為沒有尊重同在這個空間的「別人」。

（為什麼不可以？解釋清楚才能避免再犯）

寶貝：為什麼不可以？

媽咪：因為這裡是公共場所，是大家的空間，我們不能因為自己想做什麼，就影響到其他人使用這個空間的權益喔！妳看，有很多人走來走去，妳丟玩具的時候，可能會打到別人……

寶貝：可是我又沒有打到別人！我很小心！

媽咪：寶貝，就算還沒有打到別人，妳也「可能」會打到別人，而且每個經過的人都會很有壓力，擔心妳打到他，大家的心情就會不快樂。妳希望自己變成一個讓人不快樂的調皮小朋友嗎？

說完「不可以」之後，我一定會解釋原因，讓孩子知道「為什麼？」

一開始也許成效不彰，花時間解釋、引導，孩子卻聽不太懂、不在乎旁人眼光、下次還是照犯一樣的毛病，但隨著孩子長大，每次的諄諄叮嚀就出現效果，孩子愈來愈懂得體諒與尊重，愈來愈能約束自己。

（避開容易讓自己與孩子陷入困境的環境）

媽咪：不好意思，媽咪今天不應該讓妳帶這個小玩具出門，讓妳很想玩，就不知不覺影響到別人了，那麼我們來討論，妳是要收起玩具，留在這裡逛街呢？還是我們選一個空曠的公園去玩？

寶貝：那我把玩具收起來，逛完再去公園玩好嗎？

媽咪：當然好啊！妳的決定太棒了！

什麼環境絕對不適合讓孩子發生無禮行為？例如：聽音樂會、看舞台劇、上高級餐廳……只要是密閉、安靜的空間、有年齡限制的場合，其實就不適合太小的兒童，如果父母真的很想去，應該尋求親友協助照顧小孩，而非讓孩子在有限的空間內感到壓抑、不舒服，也造成別人困擾。

有些在公共場合容易影響別人的物品，也請父母過濾後再帶出門。如果不是去腹地廣大的公園、操場，那麼一定不要帶需要大空間的玩具，例如飛盤、球，或前面提過的水槍、難整理的黏土，甚至會到處飄散的泡泡水，只要不帶出門，後續就少了可能的爭執。

★尊重別人、尊重自己，「機會教育」設身處地為人想

（舉例來說，在餐廳遇到餐桌禮儀不佳的鄰座。）

寶貝：媽咪，那個小朋友一直吵，都不吃飯。

（此時媽咪的回覆請務必小聲、低調，不要造成臨座家長壓力，委婉說明。）

媽咪：妳看，隔壁桌的爸比媽咪要花很多時間照顧小孩，自己都沒辦法好好吃飯，好辛苦好偉大（先講好事），那個小朋友其實已經很大了，卻還哭著要爸媽餵餵，他都沒有想到爸媽也好餓好想吃飯（再講缺點）。妳覺得妳自己能不能當個好貼心的孩子，乖巧、有禮貌的吃飯呢？

寶貝：我可以！

其實生活周遭充斥著「放任孩子」的負面教材，也是隨機可以汲取的「機會教育」。多運用機會教育，也就能多讓孩子感受到「不禮貌行為造成的問題」，進而產生同理心。看到遊樂園裡有人不守遊戲規則、公共場合有小霸王不顧他人觀感，都可以提醒自己的孩子不要犯一樣的錯誤，要遵守公共場合的規定，判斷行為的正確與否，避免自己變成不乖的小朋友。

Q：如果好言相勸，孩子就是不聽，那該怎麼辦？

A：如果孩子一直都沒有辦法自發約束自己，我才會使出的最後招數——「獎懲並用」！為什麼說是最後招數？因為如果能讓孩子自發性由內改變，那不要依賴獎勵或懲罰，才是長久之計。但是迫在眉睫希望他今天一定要守規矩時，只好使出「捷徑」：「表現好，就獎勵；表現不好，就沒有獎勵，甚至有小懲罰。」獎懲並用，必須要事先約法三章，例如：「今天如果做的很棒，回來可以加五個好棒印章；今天如果違反我們的約定，回來就要扣除五個好棒印章。」或者，完成今天的乖寶寶任務，就可以得到孩子愛吃的健康點心如優格、堅果，實用的文具如鉛筆、橡皮擦、書籍……等等；如果沒有完成乖寶寶任務，就懲罰沒有點心或不能看卡通……之類的。獎勵不需要太好，懲罰也不要太嚴格，如不可以出去玩或扣喜歡的點心。切記不要用玩具、糖果……這類無意義的禮物買通小孩喔！

聽聽專家怎麼說？　　　　　　　　吳怡賢臨床心理師

教孩子規矩，是父母重要的課題，小至服裝搭配，大至做人做事，我們用自己的人生智慧，期許孩子行為端正及明辨是非。教養的過程中，經常會遇到「內憂外患」的情況，大多時候「父母教了、孩子忘了、路人怒了」。

管小孩這麼做

💗 打預防針

依據孩子的特質，預想可能會發生的情境，例如，無法安靜坐著（聚餐）、

大聲說話（看電影）、到處碰展示作品（展覽會）、追逐奔跑（野外）、煩躁哭泣（長時間旅行）……等，可與孩子討論哪些行為可做，哪些行為不可做，如果真的忍不住，可以做哪些行為取代（例如，在聚餐的場合，幫孩子帶一些可安靜遊玩的玩具，例如，畫筆、畫紙、小玩偶、摺紙，建議多樣性，可替換遊玩。）及違反約定時，家長會採取的措施及原因（例如，當你在餐廳大哭的時候，我會先帶你到外面，等你哭完再進去，讓別人可以安靜吃飯）。

💜 現場隨機應變

　　觀察孩子行為的原因，較小的孩子可能會因為要獲取大人的注意，而出現哭鬧或搗蛋的行為，那麼注意孩子的時機就格外重要，例如，在餐廳中孩子有坐好、自己吃飯、安靜的畫畫，家長就可對孩子說：「我看到你坐好了，很好喔」、「我發現你都可以自己吃飯規矩很好」、「我看到你畫了一個……」，讓孩子感受到「好」的部分有被關注，而非「搞怪」的行為才能獲取注意。另外，當家長有預感孩子即將「發作」時（例如，扭動不安），就可適時提醒約定的行為，或提供替代行為（例如，帶出去逛一圈再回來）。

小孩的行為有禮與否，跟父母教養方式真的有很大的關係！無論要花多少時間，一個月、一年、一輩子……父母都需要教會孩子「尊重」周遭的人。

孩子本來就不懂社會規範，所以要循循善誘，才能學會是非與分寸，就讓我們以身作則，以愛的約束來改變孩子！

四、愛插嘴

當媽咪正在談重要的事情，孩子卻十萬火急的不停插嘴，暫停自己的思緒回應他，卻發現只是無關痛癢的小事⋯⋯但被孩子打斷，原本說到一半的事情卻也接不下去了！

這種無言又無奈的心情，你曾經歷過嗎？

💛 小陸媽咪甘苦談

（當媽咪正在談重要的事情時……）

孩子：媽咪！媽咪！媽咪！媽咪！（重複N次）

（媽咪繼續談話，假裝沒聽見。）

孩子：媽咪！媽咪！媽咪！媽咪！妳快聽我說！很重要！

（媽咪開始有點擔心，決定放下處理到一半的事情，先聽孩子說。）

媽咪：怎麼了？

孩子：媽咪，我大拇指的指甲比食指的指甲胖耶！

（媽咪的怒火瞬間點燃。）

媽咪：妳很重要的事就是這件事嗎？

孩子：對啊，我的大拇指說他自己又矮、指甲又胖，其他手指都不想跟他
做朋友了……

媽咪：妳給我安靜！這種事跟妳的手指討論就好，不用跟我說！！

像這類莫名其妙的對白，在我家幾乎天天發生。說過一萬次「等媽媽先講
完重要的事，再輪到妳講好嗎？」沒用。吼過一萬次「不要跟我說廢話！」沒
用。好說歹說，有時候兇到自己都不好意思，孩子還是愛插嘴。

對於「插嘴」這件事，我實在很無力，常常覺得，糟糕，我的教育是不
是很失敗？明知道不能吼，但常常還是被孩子氣到發火！這時候耳邊忽然響起
一句熟悉的話語……「囡仔人有耳無嘴。恂恂！」這是小時候阿嬤常對我說的
話，這句話的意思大約就是：「小孩子用耳朵聽就好，嘴巴閉好，別一直說個
不停。」

這樣說來，我想我小時候大概也是個靜不下來、說個不停、耐不住寂寞的
孩子。每次聽大人討論得興高采烈，便想跟著發表自己的高見。

女兒們也許是像到我？打從會講話以來，小姊妹倆整天吱吱喳喳說個不
停，自己說也就算了，還一定要有聽眾，想到什麼事都要立刻跟我分享，沒事

的時候覺得很可愛，忙碌的時候實在受不了。

在好說歹說的勸告下，現在雖然知道要等我講完才能插話，但，她們會在我講話時一直站在旁邊凝視著我！妹妹甚至還會高舉雙手，不停叨念著「我要舉手發表」！害得我還是心軟停下來回應小姊妹們無關痛癢的問題。

當然，一百次裡有九十九次都是雞毛蒜皮小事。我每次都反問妹妹：「這種事必須舉手發表嗎？」她當然以一副嘻皮笑臉的樣子認真點頭，讓我好氣又好笑。

媽咪寶貝小劇場

遇到孩子插嘴的時候，我通常會這麼做：

（先請孩子等一等，學會耐心）

媽咪：媽咪現在在講重要的事情，請問可不可以等我處理完妳再說？

媽咪：如果妳真的有事想跟媽咪講，是不是可以不要直接插嘴，而等我把話講完，停下來的時候再發言呢？

媽咪：我知道妳有話要對我說，但是因為我已經先說了，還沒說完，可不可以先讓我把話說完，再輪到妳說呢？

以上這些話，都是我常對孩子說的。

（當孩子願意等待時，給予感謝。通常誠懇地跟孩子溝通，孩子都會很配合的等待，此時，我一定會跟她們說謝謝。）

媽咪：謝謝妳願意等待，我講完話，就會輪到妳。

媽咪：妳表現的很好，謝謝妳的耐心。

諸如此類。但自我檢討，我知道我每次跟她們感謝的態度都不甚真心，因為我心底的OS是：「快閉嘴～」真是糟糕！應該好好訓練自己的EQ！

輪到孩子發言時，分析話題的重要性，請孩子自我檢核。假如孩子插嘴的話題，與原本談論的話題毫無關聯，代表他只是硬要參與聊天，或缺乏對話題的判斷力，那應該適時檢討、引導。

媽咪：我們正在討論今天閱讀心得的作業，妳為什麼要忽然講到校外教學的事呢？是不是應該把今天的作業完成，等到真正有休息時間，再聊妳想聊的事，而不是打斷我們原本的話題呢？

寶貝：可是校外教學也很重要。

媽咪：請問今天、現在，我們應該要討論、一定要完成的，是什麼呢？

每當遇到這樣的情況，我都會嚴肅的提醒、指正，讓孩子思考自己說話的邏輯、順序、重要與否，我覺得是養成「說話的藝術」很重要的一環。

也許這樣的訓練無法快速看到成效，但期待可以潛移默化，讓孩子在發言前多想一想，說話才能更有內容、更討喜。

找適當時機故意做錯誤示範，讓她們感受到被插嘴的不悅。

（姊妹倆討論自己的話題，不亦樂乎時……）

姊姊：今天睡午覺的時候我偷偷睜開眼睛，都沒有睡耶！

妹妹：我也是耶！還跟同學在桌子底下玩剪刀石頭布……

媽咪：（大聲打斷）現在開始複習九九乘法！二一得二、二二得四……

姊妹：（異口同聲）媽咪妳不要插嘴啦！

媽咪：嘿嘿！現在妳們知道插嘴的討厭了吧！以後媽咪在跟別人說話時，妳們也不可以煩我喔！

這個例子好像舉的很怪，但是……哈哈哈，就是故意要讓孩子知道話題被打斷的不舒服嘛！尤其還是個掃興、不需要現在被處理的話題，才能讓孩子感受到被硬是中斷、導向不需要討論的事情的感覺，真的不太好！

舉手發問Q&A：

Q：到底怎樣才可以根除孩子插嘴的壞習慣？

A：我必須坦白說，我覺得好像很難！無論小陸媽咪怎麼做，孩子還是會插嘴（暈）。也許是我的方法還不夠好？也許是孩子還不夠有能力控制自己？

不過，孩子插嘴，也不見得是壞事喔！有研究指出，敢插嘴的孩子，其實比較勇敢、果斷、思慮迅速！勇於發表不是壞事，只是需要引導說話的時機與內容，所以家長們不用擔心，咱們一起慢慢努力，尊重孩子的意見，希望孩子們可以在耐心引導下早日成為知書達禮的小紳士、小淑女！

♥ 聽聽專家怎麼說？　　　　　　　　　　　　吳怡賢臨床心理師

依據語文的發展歷程，大約兩歲左右的孩子開始具備「輪流說話」的能力；三歲左右的孩子會因為對方沒有立即回應，而重複自己的話來引起注意，希望可以持續對話。

♥ 孩子非說不可的可能原因

注意力分配能力有限：「現在不說，我等一下就忘記了」、「一直想這件事情，讓我不能專心玩，一定要先講一下」。

較無法等待：「現在說最好玩，等一下就不好玩了」。
較無法察言觀色：「聽我講一下應該還好」、「現在講這個應該很有趣」。
獲得關注：「快說些什麼，媽媽才會注意我」。

💙 不插嘴這麼做

和孩子一起討論，並明訂禁止打擾的時光（例如，講電話、打電腦、做菜……等），及可以聽講的時機（例如，掛電話、寫完這一段、煮完這道菜）；請孩子把想到的事情先簡單記錄（可一起做筆記本），鼓勵先做其他的事或派個小任務（先講給別人聽、看書、幫忙洗菜……等）。

重視孩子提出的問題（即便是芝麻小事），但不一定要認真找出答案（例如，「這個問題很有趣，我也不知道，你覺得呢？」），大多的時候，孩子只是享受與父母對話的時光。

關注孩子的「正向行為」，例如，「剛剛媽媽講電話的時候，你有安靜地等，我覺得很棒」、「你有等我說完才說，我覺得很好」。

💙 藉親子遊戲，讓孩子學習「輪流說話」

故事接龍

由一段小故事起頭，輪流接故事，可天馬行空的想像「有一個小女孩→掉到水裡→撿到一個箱子，很小心的打開……」。

聊天大會

每個人說一段想說的事（可以是經驗、觀點或故事），聽的時候不可以說話，輪到自己的時候可以盡情的說（1~3分鐘），說完也可以出題目，考考大家有沒有注意聽。

孩子插嘴的行為，是成長中非常正常的現象，爸媽不需要過度反應，另一方面，教育孩子之餘，別忘了回頭檢視自己，如果發現自己有這樣不好的壞習慣，那就要從自身開始改變，親子間互相幫助，互相成長！

NOTE

孩子真的會說謊嗎？
天真的孩子開始用謊言掩飾自己的行為，是正常的嗎？
家長在震驚之餘，該怎麼做，才是最好的處理方式？

小陸媽咪甘苦談

　　我家兩個小傢伙，個性南轅北轍，姊姊乖巧理性很少讓我煩惱，妹妹則天性調皮，從寶寶時代就一副流氓樣，不滿一歲就會往地上吐口水、用寶寶語罵人，讓人好氣又好笑。

也因此，妹妹大約五歲時，開始有些偏差行為，例如：「看到喜歡的東西，沒有問過就A走，事後也不肯承認」、「闖了小禍卻假裝不是自己做的」、「放學後回來抱怨同學欺負她，但實情是她欺負同學」……之類小奸小惡的小謊言，有將近半年的時間，層出不窮地發生。

「說謊=壞小孩」，是我內心深處的刻板印象。所以，當女兒第一次說謊時，我真的好驚訝，也好擔心。一開始，我嚴格的指責「說謊」這個行為，不但會責罵、予以處罰，還會曉以大義告知孩子「謊言」有多麼可怕、會造成人生多麼嚴重的問題，但小女兒的行為並沒有改變，甚至連大女兒都加入了「說謊」的行列。

我還記得大女兒人生的第一個謊言……

那天，我擠了一滴螞蟻藥在牆角，她看了也好奇想學，不小心擠了一大坨，然後被我發現。她竟然臉不紅氣不喘的說是別人做的……我問了三次，她都堅決不承認是她。此時，我的內心受到強烈的衝擊。為什麼？為什麼我的寶貝乖女兒，會變成說謊的孩子？我的教育出了什麼問題？

❤ 媽咪寶貝小劇場

★想要孩子不說謊，父母先戒「說太多」

該說的都說了，為什麼孩子還會這樣？我忽然想到，會不會是我「說太多」？

仔細回想她們說謊的方式與內容，我發現孩子說謊其實有兩大原因，

一，怕被我罵；二，不想讓我對她傷心失望。這兩個原因，其實都不是惡意。

「怕被罵」，很正常，因為孩子並不是故意的，孩子的應變能力還不夠，自己也不知道為什麼會把事情搞成這樣，所以情急之下只好說謊；「怕我傷心失望」，則是因為孩子不希望在家長或別人心中的好形象破滅，所以用謊言來維持，但往往為了圓上一個小謊，就必須撒一個更大的謊。

我開始理解，原來要孩子不說謊，也許需要從大人自己的態度去改變——

　　不用「責罵」的方式對待，建立孩子「勇敢面對」、「不需用說謊去掩飾」的安全感，才能從根本解決。

（一）發現孩子說謊時，絕對不罵孩子！

　　媽咪：請問誰剛剛拿了我桌上的十元？
　　寶貝：不是我。
　　媽咪：拿走十元的小寶貝只要誠實的把十元交出來，可以得到媽咪一個大擁抱，加上等一下可以一起去逛商店。而且我承諾，我絕對、絕對、絕對不會罵她。
　　寶貝：（膽怯）……媽咪，是我拿的。
　　媽咪：沒關係，寶貝，太棒了，謝謝妳願意誠實告訴我，先來抱一個，我要緊緊擁抱最誠實的寶貝！

（一邊擁抱，一邊聊天。）

　　媽咪：寶貝，妳拿十元是想買什麼嗎？
　　寶貝：沒有啊，看到它放在桌上，就想拿。
　　媽咪：不然，我們來畫一個「打工賺錢表」，掃地十元、折衣服十五元、洗魚缸二十元，以後只要妳有幫忙「打工」，就可以賺零用錢！然後我們等一下拿妳賺到的零用錢，去逛超市買一樣妳想要的東西，好不好？
　　寶貝：（開心）好！
　　媽咪：媽咪知道妳不是故意的，以後如果不小心做了什麼錯事，媽咪答應妳，一定都不用罵的，妳可以勇敢跟我分享，我們一起找出解決的辦法，好嗎？
　　寶貝：媽咪真的不會罵我嗎？
　　媽咪：真的，我們一起打勾勾蓋印章，媽咪不罵妳，妳也一定要老實跟媽咪說，好不好？
　　寶貝：好。
　　媽咪：沒有什麼事不能解決，我們一起分享，一起想辦法，妳就不會煩惱了！

自從有了這個體悟，孩子說謊時，我不再罵人，而是用溫柔的態度、輕鬆幽默的話語，去找出為什麼會「出錯」的原因，從源頭尋找解決方式。並且一再強調：「做錯沒關係」。

（二）發生什麼事？別擔心，我陪妳一起解決！

孩子會說謊，一定有原因，找到一開始的起因，陪伴他一起解決，當孩子可以解決危機便不再需要說謊。

當然，年紀小的孩子很快就會告訴家長事發的經過，但隨著孩子愈大，便愈不容易說出自己心底的秘密。此時，不用急著逼問孩子，只要讓他知道「妳不怪他，等他願意的時候再分享」，別忘了！一段時間後記得再溫柔關懷詢問。也許孩子一開始會膽怯，但他發現妳是真心要為他解決問題，孩子便會打開心房。

切記，年幼的孩子的煩惱本來就和大人不同，處理事情難免有瑕疵，很多問題在大人眼中看來很荒謬，但，請不要譏笑孩子、批判孩子！用耐心、真心，陪伴與引導。久而久之，孩子會開始把家長當成是最好的朋友。

（三）每個人都會犯錯，「誠實面對」比說謊簡單。由內改變！

當孩子的心裡產生安全感，發現誠實面對的後果並不若想像可怕，他便不需要再說謊。在我改變對待孩子的方式，大約一年之後，很明顯的，妹妹不再說謊了……

妹妹：媽咪，好討厭喔！這隻筆好爛一下就壞了！
媽咪：是妳弄壞的嗎？
妹妹：一不小心就壞了！妳可以不要生氣嗎？
~~~~~~~~~~~~~~~~~~~~~~~~~~~~~~~~~~
妹妹：媽咪，我一不小心就把隔壁○○○的髮夾帶回來了！怎麼辦？
媽咪：那明天帶去還她，再寫一張紙條跟她道歉說妳是不小心的，順便送她一塊餅乾，這樣可以嗎？
妹妹：我不要寫啦！我偷偷把髮夾放回去就好。
媽咪：我覺得寫一下比較好，她才不會誤會妳故意偷拿！
妹妹：好吧，那妳陪我寫。

諸如此類，雖然還是很愛怪罪別人、不檢討自己過錯，但至少，過去愛說謊的妹妹改變了，會想面對、解決自己造成的問題。對我來說，這就是進步、就是成長！我也很樂意原諒她，並當她諮詢的對象，陪孩子一起解決問題！

★還有一種謊，叫做「我想變厲害」

　　孩子上小學後，很少說謊，不過我發現她們開始會「吹噓」，這也是說謊的一種！

　　姊姊：我跑步是全班最快的！
　　媽咪OS：明明跑很慢……
　　妹妹：我今天是全班吃最多的！
　　媽咪OS：妳明明最討厭吃東西，今天還是全班最後一個吃完的！
　　姊姊：我的功課是全班第一個寫完的！
　　媽咪OS：刷刷檢查時明明還有兩篇沒寫……
　　妹妹：我是圖書館這個月借最多書的人！
　　媽咪OS：妳明明就超討厭看書，借了都沒看……

　　這些「謊」，是為了獲得誇獎，也代表內心期盼獲肯定。

　　這狀況對我來說，還蠻嚴重的，因為，這代表孩子內心的價值觀有些問題，太過重視表面的成就。不過當下我只是微笑以對（當然，我心中的OS，也只放在心裡想想，千萬不能說出來吐槽孩子，免得造成反效果），並試著改善這個狀況。

　　我的處理方式是：「多誇獎」，什麼小事都可以誇獎：認真寫作業很棒、認真洗澡很棒、幫忙整理桌子很棒、多喝水很棒、笑容很可愛很棒……但不要求孩子要爭第一、爭最好，讓孩子知道，生活中最重要的是「態度」，有「用心」就足夠，重視「過程」而不是「結果」。

舉手發問Q&A：

Q：孩子說謊，真的不好嗎？

A：好像不是完全不好喔！據多倫多大學兒童研究所的研究指出：「老實的孩子非常少」，更有研究證明：「孩子越小會撒謊，表示執行力越強，長大了當上執行長的機會就越高。」不過，我不期待女兒當執行長，只希望她們做個堂堂正正的人，所以我還是會盡量以溫和的方法要求孩子不說謊。

Q：那大人可以說善意的謊言嗎？

A：盡量不要！常常有父母會說：「妳乖乖吃完，就帶妳去玩」、「妳如何如何，我就如何如何」……但最後卻沒有做到！許諾成了謊言，讓孩子覺得「大人可以輕易說謊，那我也可以」。記住，身教超級重要！

 聽聽專家怎麼說？　　　　　　　　　　　　吳怡賢臨床心理師

處理說謊的議題，家長通常要有「福爾摩斯」等級的推理能力，除非有十足的把握知道事件的經過，否則就要使用「無罪推定原則」，避免讓孩子落入「被誤會」的無助中。

♥用輕鬆聊天的方式，引導孩子說出事件，了解細節（技巧：人、事、時、地、物），指出不合理處，例如「玩具是昨天同學送的喔、哪一個同學呢、在哪裡送你的、他怎麼知道你想要這個、給你沒關係嗎？他有

沒有問過爸爸媽媽……」，若孩子刻意隱瞞，在這個階段通常會很緊張「可能被知道了」，讓孩子有心理準備，有機會考慮要不要說實話。

💜 在知道真相的前提下，建議可以「假設」的方式，說出事情經過，例如「會不會是太喜歡了，先拿了，沒有跟同學說，要還回去又覺得怪怪的，不知道怎麼還」。當孩子的心情被說出時，反而會有鬆一口氣的感覺，同時也會了解父母的睿智不容小覷，體會到「法網恢恢，疏而不漏」的概念。

💜 承諾說出事實，不會被嚴厲處罰，例如「我知道有些事情你不敢講，因為怕被罵，現在講出來不會罵，因為承認錯誤是很有勇氣的行為，但如果媽媽／爸爸自己發現，會因為你沒有說實話，覺得很難過又生氣」，有助於降低孩子因為害怕被罵而說謊的行為。

💜 如果孩子仍想繼續逃避，建議採取可驗證說詞的行動，讓孩子理解沒有僥倖空間，例如「我來謝謝同學、我幫你問問他父母有沒有答應」。

💜 提供適當處理的方式，並鼓勵孩子執行，例如「明天拿去還同學，跟他道歉」，及詢問可以幫他什麼，共同面對難題，例如，陪他還。

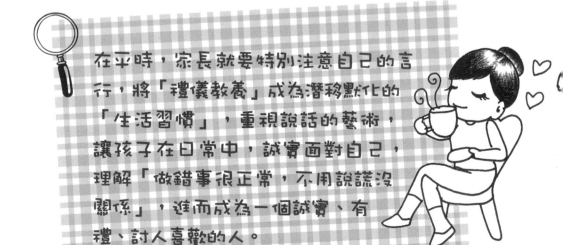

在平時，家長就要特別注意自己的言行，將「禮儀教養」成為潛移默化的「生活習慣」，重視說話的藝術，讓孩子在日常中，誠實面對自己，理解「做錯事很正常，不用說謊沒關係」，進而成為一個誠實、有禮、討人喜歡的人。

Chapter 3

《失控系列》
無理取鬧的臭小孩！該怎麼辦？

好啊，好啊，
妳們就盡情
的做自己吧！

小陸媽咪的煩惱

歇斯底里、無理取鬧的孩子，簡直就像一個迷你小颱風般，威力強大！

當孩子的要求無法被滿足，引發恐怖的牛脾氣的時刻……

當家長好話說盡還是有理說不清、好言相勸仍然不乖不停不聽的時候……

真的會懷疑自己是不是生了一隻聽不懂人話的小動物？

其實當孩子無理取鬧時，正是他最需要被幫助的時候。因為他的要求沒有被滿足，卻找不到方法處理，只好胡鬧來試圖解決。

我們要幫助孩子的是——找出問題的根源，明白無理取鬧不是解決問題的方法！

所以，家長不但不能妥協，更需要給孩子穩定的力量，引導他們從根本解決情緒、解決問題。

情緒控管本來就不是容易的事，就讓我們和孩子一起來想辦法，一起加油！

一、鬧彆扭

什麼都不好！掉頭轉身就走！臭脾氣、臭臉，不回答！
有時候，孩子的牛脾氣一上來，誰也管不住，遇到這種狀況，是該在孩子
彆扭時想辦法處理他的情緒？還是袖手旁觀等孩子冷靜？

💗 小陸媽咪甘苦談

寶貝：媽咪！我想要吃洋芋片！

媽咪：可是我們準備要吃晚餐了，現在不能吃零食喔！

寶貝：我要吃零食！我現在就要吃！否則我也不要吃晚餐了！

這種任性又彆扭的情況，妳家曾經發生過嗎？面對孩子突如其來的壞脾氣，想不生氣，真的很難。我們家這對小姊妹，個性好的時候很好，但偶爾忽然哪根筋不對，執拗起來的時候，也實在是令人頭疼。

每個孩子鬧彆扭的「點」都不同，男孩子與女孩子鬧彆扭的方式也不一樣，有人說，這種情況隨著孩子長大會愈來愈好，但也有相反論調表示，年紀漸長會愈來愈嚴重，我覺得問題可能是出在家長處理的態度喔！

我家的孩子，從一、兩歲就開始鬧彆扭，尤其是失控小妹，有段時間超任性、超愛搶東西！不順她的意，就崩潰吵鬧、在地板滾動發怒、拉扯自己的臉和頭髮自虐、面壁哭泣……各種各樣的彆扭花招族繁不及備載，樣樣令人瞠目結舌。而冷靜的姊姊則是使用「擺臭臉」的「冷戰」招式，常常一個人躲在角落，問她怎麼了，就臭著臉「哼！」一聲，故意不答，愈問愈彆扭，弄到媽咪我有時也跟著火了起來。

還好，在入了小學之後，兩個小傢伙愈來愈能溝通，漸漸轉變為理性的小少女，什麼事幾乎都可以用說的。除了年齡讓孩子成熟，我想「不放任」的態度也有關。

媽咪寶貝小劇場

「會吵的孩子有糖吃」——這件事，在我家是不可能發生的！習慣了這種慣性，孩子的公主病、王子病就會愈來愈嚴重。我處理孩子鬧彆扭的原則只有一個：「愈吵，就愈沒有。好好說，什麼都有機會。」

其實，只要學會能夠控制自己、不用情緒勒索而是用理性溝通的方式，孩子就會愈來愈懂得表達自我、不易有太失控的情緒起伏，相對花在生悶氣、不快樂的時間也就變少，性格可能會比較開朗、好相處。

★先用旁觀者的角度觀察彆扭中的孩子

小女生鬧彆扭，有如吃飯、呼吸一樣自然，但天天看也會膩，所以家長應該先調適自己的心情！來分享我的彆扭應對良方。

寶貝：我要看電視！我要玩平板！否則我就什麼都不做！

（寶貝一邊鬧個不休，一邊偷看媽咪，這時媽咪「不能」靠過去關心！繼續做自己的事，並且遠遠觀察）

媽咪內心OS：妳看，又在演了！今天不知道要演哪齣？是短劇還是連續劇？且讓我們繼續看下去……

當孩子生氣，硬要勸他、改變他，不但效果不好，也容易讓家長動怒。我喜歡的方式是：「先不勸告，離孩子一小段距離，用看戲的方式看待孩子在無理取鬧什麼？」如此一來，可以跳出那個令人生氣的循環之外，理解孩子到底為什麼生氣？孩子怎樣扮演一個生氣又彆扭的角色？靜下心來觀賞，會發現孩子多半在「演」，演技也不錯呢！雖然這麼說很抱歉，但每次我都覺得因為小事而氣鼓鼓、用各種肢體語言加強自己的「憤怒感」的孩子好笑又可愛！

不過要特別記住，這只是家長調適自己心情的方法，是不能說的秘密！切忌在孩子面前真的把心裡的「潛臺詞」說出來，切記譏笑孩子「你好會演喔！」「再演啊！」絕對別說喔！這些話會大大激怒孩子，得到反效果！

★幫孩子的問題擬人化、卡通化，用幽默感解決衝突

當我們觀察孩子的動作，孩子也在觀察我們的反應。孩子憤怒、彆扭是希望自己的要求可以獲得解決，沒有人想一直生氣，而父母如果不能順從孩子無理的要求，就要用「轉化」的方式幫孩子的情緒找出口。

我最喜歡的方式是：把責任歸咎給孩子的生肖，讓他知道「雖然是自己的問題但不是自己的問題」，用另一種角度控制自己、緩解僵持的情緒。

「是自己的問題但不是自己的問題？」這是什麼繞口令？我是這麼做的：

寶貝：（孃上場）　我要看電視！我要玩平板！我要打電動！否則我不理妳！

媽咪：寶貝，快點，妳身體裡那隻小牛的牛脾氣又犯了！快管管牠，跟牠說，現在不是看電視的時候，妳的拼圖還沒拼完呢！

寶貝：我不要拼圖！我要看電視！

媽咪：小牛好胡鬧啊！好愛生氣……妳有辦法請小牛先等一等嗎？牛脾氣兇巴巴……媽咪好希望小牛快點冷靜下來，把我可愛的乖寶貝還給我！

如果孩子不屬牛怎麼辦？沒問題，重點是找個動物轉化，所以可以替換成孩子的生肖，最好加上一點生肖動物的特色！

媽咪：寶貝，妳看妳身體裡的小雞又在吱吱叫了！可以請牠冷靜一下嗎？要怎麼做可以讓牠冷靜？吃一把早餐麥片可以嗎？

或者……

媽咪：哇哇！妳身體裡的小蛇是不是打結了？一直生氣，要怎麼把小蛇的結給解開呢？我要趕快把結打開，找回我的乖寶貝……

孩子都喜歡小動物，讓孩子覺得是自己體內有隻調皮小動物在做怪，他會出現一點點的興趣，覺得自己有責任管管他，轉化當下激動的情緒、找到一個抒發的出口。

善用戲劇扮演的方式，讓孩子知道問題，卻好像不是自己挨罵、受制止，反而進入一個戲劇扮演的情境：「我是老大！我要控制我體內做怪的小動物！」讓孩子體會「自己有能力掌握制止的權利」。此時父母要耐心、發揮幽默感，用搞笑的言語轉移孩子原本的情緒，請他開始控制內心的搗蛋鬼，這和直指孩子本身的問題不同，孩子的自尊心不會受挫。

媽咪：寶貝，問題不是妳造成的！是住在妳身體內那個小麻煩造成的！管管他吧！

一段時間下來，小女兒變得很能開玩笑。

媽咪：妳又牛脾氣了！

寶貝：沒辦法，我身體裡的牛很不乖嘛！

媽咪：妳可以勸勸牠嗎？

寶貝：我盡量～

當大女兒把東西弄得亂七八糟，要她收又擺臭臉時，我也會開玩笑：

媽咪：妳看，妳的小老鼠個性又把東西丟得到處都是！像老鼠鑽洞一樣弄得亂七八糟！

（媽咪唸寶貝，但又不是真的責怪，不滿意的對象是小老鼠而不是孩子。）

寶貝：老鼠就是愛亂七八糟嘛！

（但回嘴之後，孩子開始慢慢動手整理。）

家長可以發揮想像力，在親子關係緊繃時，用輕鬆的話語給孩子台階下，化解親子之間可能的衝突。其實孩子也正在等待這適時的輔助，讓他們想和解卻不好意思的彆扭情緒回歸正常呢！

★喜怒哀樂的表情練習

有時候，孩子臭著一張臉，我也會故意演一下她的樣子給她看：「擠眉弄眼做出醜苦瓜的表情」，板著臉的孩子就噗嗤一聲笑了。

表情的扮演，也是化解彆扭情緒的良方！當妳做一個「臭臉」、「拗嘟嘟臉」的醜表情，再扮演一個「笑咪咪臉」，不但能讓孩子大笑不止，也會讓他們知道臭臉有多醜！

通常我自己做完表情變化，我也會請孩子演個臭臉給我看，從臭臉再轉變到喜、怒、哀、樂……各式表情，一個口令一個動作，是很好玩的小遊戲喔！久了之後，當孩子擺臭臉，家長一喊「變笑臉」、「變豬臉」、「變苦瓜臉」……孩子可能就會笑起來，用輕鬆幽默的氣氛趕走不好的情緒。

「表情練習」不但好玩，更可以培養親子之間的默契，當家長與孩子感情愈來愈好，鬧彆扭的時間也會愈來愈少！

沒有孩子不鬧彆扭！看到孩子願意克制、轉化自己彆扭的情緒，其實就是令父母感動的時刻。所以，當孩子走出情緒時，不要吝於擁抱與誇獎，當孩子從臭臉變笑臉時，請大方告訴他，他的微笑有多可愛。

Q：好說歹說，孩子就是擺臭臉、鬧彆扭，我也不想討好他，怎麼辦？

A：不要勉強自己，讓彼此冷靜一下吧！但是……別忘了，檢查一下現在的自己是不是也正在對孩子鬧彆扭呢？親子關係是互相的，自己有沒有控制好自己的情緒呢？願意的時候，退一步！比起兩人比賽誰可以彆扭比較久，不如來個緊緊實實的擁抱！抱著孩子，理性的分析狀況，讓孩子學會好好說，別用彆扭的態度來解決問題。

 聽聽專家怎麼說？　　　　　　　　　　吳怡賢臨床心理師

依據情緒發展理論，新生兒就能經歷愉悅與不舒服的情緒，在八、九個月大時能表達所有的基本情緒，但情緒調節能力要歷經整個兒童期及青少年期，才能趨近成熟。

情緒調節這麼做：

 鼓勵孩子說出情緒

我們要鼓勵孩子說出自己的情緒，才能從旁協助。當孩子在鬧彆扭，或根本不知道自己怎麼了，家長可用「猜」的方式，幫助孩子覺察情緒；即使猜錯了，也能讓孩子感受到家長關注他的情緒，例如，「你現在不想說，我來猜猜看，我猜錯了你跟我說」、「是不是媽媽不讓你玩平板，你覺得生氣。」

💜 情緒除罪化

有些孩子會因為出現「負面」情緒，而覺得自己不好，反而更加深情緒的循環「氣自己又生氣」、「我就是一個愛生氣的人」。我們可讓孩子知道，每一種情緒都有它的功能，我們不能阻止他們來，但可以跟他們和平共處。小一點的孩子可以鼓勵他為情緒命名，例如「阿牛」，阿牛出現的時候會讓我不想講話，有什麼方法可以讓阿牛坐一坐，然後就離開了。

💜 轉移注意力

小一點的孩子通常會「氣到不知道自己在氣什麼」，這時候較好的處理方式就是協助孩子離開引發情緒的情境，例如，到外面走走、看一段有趣的影片，協助孩子冷靜下來；大一點的孩子，則可鼓勵他從事可冷靜的活動，例如，抱抱自己喜歡的玩偶、吃一點小點心、玩拼圖、畫畫……等。

💜 討論情緒

當孩子情緒已經平靜時，引導孩子說出整個情緒的歷程，並肯定孩子，例如，「媽媽不讓我玩平板，我覺得很生氣，不想講話，後來我把生氣的事情畫一畫，心情就比較好了」。情緒調節的成功經驗，會讓孩子更有信心處理自己的情緒，增加情緒調節的能力。

基本上，對於孩子鬧彆扭，我倒是很看得開，常告訴自己別在意，一笑置之、輕鬆看待孩子的情緒，畢竟彆扭人人會鬧，媽咪這輩子鬧彆扭的經驗比妳們豐富多了！用幽默的方式解決，會比互相硬碰硬好很多喔！

二、愛哭鬼

哭哭哭哭哭！
整天都在哭！什麼事都可以哭！
如果是嬰兒也就算了，都長這麼大了，有什麼好哭的？
再哭下去，媽咪也跟著想哭了！

🖤 小陸媽咪甘苦談

寶寶一出生，第一件事是什麼？

當然就是「哭」！

肚子餓了，第一件事是什麼？

當然還是「哭」！

尿布濕、想睡覺、沒人陪、心情不好⋯⋯所有的情緒，都會導引到唯一一個動作⋯⋯

「哭」！

為人父母，真是辛苦！

寶寶時代，孩子還不會說話，所有的情緒全以哭鬧表達，是新手父母的噩夢期，好不容易長到幼兒時期，以為自己準備要出運了，但……

兩歲後哭鬧的時間雖然減少，卻有更多情緒、要求，沒被安撫到，哭聲還是一發不可收拾！

四歲以後，理解的事物愈多，「手段」也愈多，懂得用「哭」來威脅家長就範，天啊！到底何時才能解脫？

只能說，父母真的很難為。

我覺得，只有堅持原則、不間斷、耐心的陪伴與教育，才能改善孩子愛哭的習慣。

要零歲到四歲之間的孩子不以「哭」來傳遞情緒，實在不容易，以我們家的小姊妹為例，姐姐哭的原因多是因為受委屈，被爸爸戲弄、被妹妹欺負、被媽咪責罵，世界上有太多委屈值得哭泣；妹妹則大多因為要求未果，想用哭鬧換取大人的妥協。

一開始，我對孩子的哭鬧也束手無策。說真的我很不喜歡哄孩子，要我整天抱著哄著，門都沒有！可是置之不理，孩子又真的可以哭個幾十分鐘，這樣下去不是辦法！只好努力研擬出一套改變孩子亂哭的對策。

終於，孩子上小學後，不再用「哭」來情緒勒索了！現在受委屈、有要求，都會抱住我好好說，這就是很棒的進步。

💗 媽咪寶貝小劇場

★首先釐清孩子為什麼哭？對症下藥的處理！

「生理不舒服」的哭，例如餓了、渴了、累了、病了，可以藉由家長的觀察，幫孩子尋找比較好的解決方式。若是生理不舒服，要溫柔幫孩子處理，這不是孩子的錯，他們真的需要大人的協助。

「心裡不舒服」的哭，也要找出原因：是因為受委屈、受欺負嗎？若是，那可以給孩子擁抱、陪伴，幫助解決受委屈的原因，舒緩孩子難過的情緒。

但——若是因為想獲取大人注意、用哭來威逼大人重視他的要求，這就必須審慎的面對，絕不能輕易妥協。

最麻煩的「哭」，就是孩子養成「用哭來要脅父母」的壞習慣！

反正我哭，就可以得到！

反正我哭，大人就會注意我！

反正我不想做的事，只要哭就可以不用做！

反正我只要哭，大人就會滿足我所有的需求！

這……實在太可怕了！

有人會說，有些孩子是因為性格內向、易感易怒，無法適應環境的變化，所以很容易有哭的情緒產生，甚至說：「我的孩子就是愛哭！」

我相信有的孩子本性愛哭，但我也相信這可以被改變。我們家小女兒自小就是個敏感的孩子，愛哭愛鬧，但我發現，只要找出根本原因對症下藥，而不是敷衍了事，情況會有明確的改善。

★發現孩子停不下來，要「剛柔並濟」地給予幫助

繼續偷偷說妹妹的壞話（笑）。

有段時間我發現妹妹好像有情緒上的問題，無法控制自己，只要大哭大鬧起來，怎麼開玩笑、溫柔對待都無法解決她崩潰的情緒，此時，唯一讓她停下來聽我說話的辦法就是嚴格（甚至是兇惡）的告訴她：「停下來！」

當我數到五，請停止哭泣，否則媽咪要生氣了。

直視著孩子的眼睛，嚴格、冷靜的說，讓她感受到妳的認真，她反而可以從崩潰的情緒中跳出。

「嚴厲制止+溫柔擁抱」，就是當孩子哭泣的程度已超過容忍範圍時的非常處置方式。

　　我發現，當孩子無法控制自己時，必須「幫他控制自己」，否則孩子與家長都會陷在痛苦的循環中。

　　我會很嚴厲的說「當我數到五，停下來！不要哭！」，若五秒後孩子還哭，在公共場合，我會把她帶到戶外，避免影響到別人；在家裡，我會請她去廁所哭，因為我們沒必要忍受她的哭聲。然後告訴她，等她不哭，我們就可以好好講。

　　用很兇的態度，制止孩子的失控，請孩子先憋住自己爆發的情緒。

　　等孩子一停止哭泣，立刻擁抱。絕非是兇惡完就置之不理，而是等哭泣一停止，立刻非常溫柔的擁抱孩子，告訴孩子，謝謝他停下來，讓我們休息一下，陪他好好說。

　　這個方式是想讓孩子知道：

　　「你哭泣，我只會更兇，而且得不到你要的！

　　你好好說，我會愛你、抱你、傾聽你、解決你的問題、滿足你的需求。」

　　家長自己的分際要處理得很清楚，嚴厲與溫柔之間的拿捏要讓孩子知道「家長是愛我的」。幾次下來，孩子不再大哭了，因為知道哭並沒有用，哭可以發洩情緒，但很快會冷靜下來，跟家長描述事情的經過、解決問題。

★避免變成孩子哭鬧的幫兇

　　常常看到父母在孩子哭時，衝過來說「唉唷好可憐，惜惜，不哭喔！哭的好慘，捨不得喔……」這些話，有助於孩子停止哭泣嗎？不但沒有，還會促使孩子更傷心、哭得更慘烈。

　　另外，有的家長則是無心造成孩子的傷害，例如：孩子看卡通看到一半，

家長要請他去寫作業或做正事，就毫不留情的關掉電視；孩子正在玩的玩具，別的孩子想玩，就毫不客氣的搶走玩具給別人……這些狀況都是大人仗著自己的權勢就不顧孩子小小心靈的感受，這麼一來，孩子當然會委屈想哭！

別助長孩子哭泣的情緒、別威逼孩子就範，凡事溝通、耐心引導、孩子會慢慢知道，哭泣不是武器，只是一時的情緒，哭完，還是笑咪咪的比較開心。

舉手發問Q&A：

Q：長輩的「有哭必應」，讓孩子養成以哭要脅的習慣，怎麼辦？

A：若家中有不同的教育理念，一定要溝通喔！長輩疼孩子是天經地義的，所以我們都能體諒長輩的心情，但是如果「有哭必應」的習慣養成，孩子就容易不講理，對未來身心發展也會造成影響！應該用禮貌且客氣的態度，耐心向長輩解釋：

1. 把根本的問題處理好，孩子就不需要哭，等孩子哭才關心，孩子就會養成哭的習慣。當孩子說出要求時就該正視、不敷衍孩子，孩子哭時反而不能理他。

2. 孩子哭鬧時，堅持不抱、不安慰、不順他的要求，停止哭泣才回應他。 幾次之後孩子會了解哭鬧是沒有用的，大家都輕鬆！

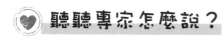 **聽聽專家怎麼說?**　　　　　　　　　　　吳怡賢臨床心理師

　　孩子的第一個哭聲,通常都是伴隨父母的喜悅,當還不會講話的時候,嬰兒的哭泣代表著各種情緒與需求,隨著語言的發展,我們會發展出更多更有效率的方式來取代用哭泣的溝通方式。

擦乾眼淚這麼做

 接納、不寵溺

　　家長同時接納孩子「好」與「不好」的部分,孩子也學會接納自己的每一種樣貌,增加孩子的情緒調節力及正向的自我概念(「我遇到不順心的事就會想哭,但我可以處理」,而非「我就是一個愛哭的人,沒有辦法控制」)。當孩子在哭泣的時候,與其立即滿足他的需求,不如跟他說「我知道你因為(事件),覺得生氣/難過所以想哭,我會等你哭完,再聽聽你想要什麼」,效果來得更好。

💜 冷靜、不冷漠

　　當孩子在哭鬧不休的時候,家長的憤怒情緒會讓整個家庭氣氛如森林大火,只有燒光了整片森林才會停下(家長罵累了、孩子哭累了),若不能在星星之火時即時撲滅,那麼開一條防火道便是個好方法。當孩子在哭鬧時,將孩子帶到不會打擾到他人的地方,家長可以繼續做自己的事(閱讀、工作、家事、看影片),告訴孩子「等你哭完,我再聽你說」,當孩子哭聲小一點,可以過去拍拍他「好一點了嗎」,若哭聲轉小就給個擁抱;若反而更大聲,則繼續做自己的事。對小一點的孩子來說,建議不要離開孩子的視線,會讓孩子感到「他們不要我了」,反而更緊張害怕。

孩子有哭的權力，當他想哭時，讓他哭一下，發洩一下情緒也很好。

若孩子哭，是因為真的難過，一定要處理孩子的委屈、解決孩子的心結，孩子才會信任妳、喜歡妳，把父母當成可信賴的知心朋友。

同時，家長要檢視自己，是不是常常忽略孩子呢？當他有需要時就要試著傾聽、解決，不要等負面情緒累積到必須哭泣時才處理。

幫孩子建立信心讓孩子知道「不用哭，他仍可以得到」，用正確的方式表達需求。

處理孩子哭泣的方式無論「嚴厲」或「溫柔」，都出自於「愛」，請不要吝嗇說出自己對孩子的愛！

平常在家乖巧可愛，為什麼一有客人來，或到外面參加聚會，
孩子就變了樣？
在客人面前，孩子為什麼會特別失控？

小陸媽咪甘苦談

「人來瘋」，是指「在外人面前，孩子忽然會性情大變」的奇妙狀況！例如，平時斯文安靜的孩子，在公共場合或家裡有客人的時候，忽然變得又吵又鬧、講都講不聽，一直想引起別人的注意；或者，平時守禮的孩子，一旦在外聚會和朋友玩在一起時忽然不聽父母的話，變得調皮、無禮，玩瘋了……原本自己熟悉的那個乖巧寶貝，忽然變一個人。

年幼的孩子或多或少都會有這樣的情況，在兩歲到六歲期間尤其嚴重。我們家小姊妹「人來瘋症頭」是沒有嚴重到太誇張，但是也足以讓我煩心！

通常她們的「症頭」會出現在兩種時刻：

一、家裡來了非常溫和、個性親切的好客人

客人對孩子愈親切、愈會陪孩子玩，孩子就容易開始沒大沒小，因為喜歡、因為覺得客人很好，就想騎到客人的頭上、纏著客人陪她玩，等家長與客人開始聊天後，客人不再理她們，孩子就會用各種奇怪的行徑試圖引起客人注意，除了故意製造聲響、妨礙客人與別人互動外，還曾發生拉客人的頭髮、講一些傷人的言語引發關注……之類令我火冒三丈的行為。

二、年齡相仿的好友玩伴久久相見一次。

每次久未碰面的朋友相見，孩子們就會玩到完全忘記規矩！一個巴掌拍不響，但是很多個巴掌同時聚在一起，就可以拍到響徹雲霄，吵得不得了！玩耍過程中發生的各種噪音、衝突、失控狀況也就算了，最麻煩的尤其在「說再見」的分離時刻，孩子們往往捨不得分別，有的大吵大鬧不要回家，有的十八相送崩潰哭泣，弄的小孩一把鼻涕一把眼淚，大人束手無策。

「人來瘋症頭」不只人前麻煩，回家後還有後遺症。當曲終人散，回到安靜的家，孩子卻容易情緒激動、唱反調、睡不著，夜晚睡覺也很不安穩，哭著驚醒、夜半尖叫都時常發生，真的很惱人！

💗 媽咪寶貝小劇場

★給孩子們有趣的任務

孩子本來就喜歡熱鬧的環境，且二到六歲的孩子都非常活潑好動，一旦開心，就很容易玩過頭、無法控制自己，這是很正常的行為表現。不過如何能引導孩子把「過HIGH」的情緒找到更有意義地抒發方式？

小陸媽咪的小妙招是：當孩子過度激動時，轉移他們過剩的精力──

　　讓他們用「辦家家酒式的扮演」消耗多餘的精力，同時也可以達到他們「引人注意」的目的！

（當家長聚精會神看著球賽轉播時，一群小孩跑到電視前吵鬧……）

寶貝：啦啦啦！我是金牌棒球選手！我來扭屁股給大家看～

媽咪：寶貝，妳們擋到大家囉！可以請妳們先到旁邊嗎？

寶貝：不要！幹嘛看電視裡的人，看我就好！金牌選手、打擊出去！

（孩子興奮地拿棒子與紙球亂丟亂打，試圖模仿打擊者。）

媽咪：寶貝，妳這麼做，一定會被裁判說犯規，因為動作不標準、看起來好弱喔！我覺得妳和朋友們可以成立一個小棒球隊，把動作練好一點，找一個投手、一個捕手，妳擔任打擊者，再安排幾個啦啦隊幫妳拿旗子加油……這樣就像真正的棒球選手了！

（家長可以起身分配任務）

媽咪：請問誰要當啦啦隊員，負責畫加油旗？誰要當棒球隊長，負責分配任務？誰要當裁判，負責檢查大家的任務有沒有完成？

（幫孩子們分配責任，並約定何時看成果發表，在準備好成果以前，請在某個空間練習，不可以曝光、也不可以一直在大人面前胡鬧）

媽咪：加油喔！等妳們都練習好了，可以先表演給彼此看看，再來表演給大人欣賞！

　　每次聚會中孩子太瘋狂，或故意在大人面前吵鬧，我大多會挺身而出去維持秩序、派點好玩的功課如：做海報、畫畫、組織表演活動，或請孩子安排一段表演等等，約定一個時間（如半小時後）成果發表。過程中孩子有問題也協助解決。

★讓孩子有表現的空間

我會明白的告訴孩子，完整的表演，大家將很樂意欣賞。如果只是胡鬧，那大人會不喜歡，也會覺得他不厲害。大人在與孩子做約定時宜用「親切但威嚴、不隨便」的態度，讓孩子正視大人的要求，知道不是開玩笑。

還有一點很重要的是，如果孩子們真的準備好了表演，無論表演的好壞，大人都要認真欣賞，並給予掌聲喔！

這樣的約定，孩子一開始不一定會乖乖配合，但經過大人堅定認真的引導，孩子會進入「有目的」的遊戲狀態，我的女兒們已經習慣這種「遊戲規則」，也會主動邀約聚會時的同伴們完成任務，說真的，當大人願意引導孩子玩樂的方向，孩子也會很開心呢！

★不在人前讓孩子被過度批評或注意

有的孩子在人前吵鬧是為了吸引大家的目光，所以他不一定會怕父母在人前的責備，甚至還覺得「沒錯，我就是要你注意我！」寧可被罵、被罰，不想被冷落。

這樣的想法，有時候是因為父母長期的忽略所造成，所以，要關懷孩子的心情。是否平時缺乏陪伴？孩子是否太寂寞？家長可以怎麼幫他？適度而理性的制止，讓孩子擁有自制力，卻又不失去自尊心。

★回家後一定要分析問題，讓孩子理解家長的心情

情緒冷靜下來後，別忘了跟孩子溝通。

可以先聊聊：今天哪些行為表現得很好？先給予鼓勵，告訴他大家都喜歡他。再繼續檢討：今天哪些行為讓別人不開心？未來可以如何改進？怎麼做更好？

良好充分的溝通，可以調整情緒的震盪，有效減緩「人來瘋」症頭，也讓孩子感受到家長的尊重與重視。

舉手發問Q&A：

Q：孩子玩太瘋，不肯回家怎麼辦？

A：出門前先跟孩子講好要回家的時間，並練習說再見。若能遵守約定回家的時間，那以後可以再見面玩耍；若耍賴，下次則不能再一起玩。有先約定，孩子的小小心靈比較能接受。

該回家的時候，不欺騙、不要硬拉，而是看著孩子的眼睛，微笑的告訴他，「約定好要回家的時間到囉！我們下次還會和玩伴再見，也會再來玩，今天要遵守約定喔！」也許孩子還是會哭泣，就讓他哭，同時給予他溫柔堅定的擁抱，讓他練習分離，也知道妳會陪伴著他，他並不孤單。

聽聽專家怎麼說？

吳怡賢臨床心理師

孩子透過遊戲來認識自己、調節情緒、展現創意、與人交際……等。一歲的孩子通常獨自遊戲，會注意別人在玩什麼，但少有互動；兩歲以上的孩子有較多的合作遊戲，追逐、躲貓貓、扮家家酒……等互動方式成為遊戲主流。隨著孩子的體能及活動量增加，遊戲的內容越來越不是大人們可以掌控，所以要常常注意孩子們是否有危險、遊戲內容是否恰當或處理擦槍走火的場景。

陪伴遊戲這麼做：

❤ 扮演同學

我們會鼓勵家長每天都可撥出一小段時間（10～30分鐘），陪伴孩子遊戲，遊戲時掌握「不主導、不指導、不發問」的原則，僅是仔細觀察孩子的遊戲內容，及孩子希望我們怎麼互動（幫他扶著積木、扮演小嬰兒），有助於增加正向親子關係。

💜 扮演老師

為孩子創造適當的遊戲／社交情境，教導／示範適當的互動方式，例如，和社區的孩子一起玩水槍大戰，大戰前要先說明規則（不能射眼睛、別人說投降的時候就不可以再攻擊），讓孩子學習適當的遊戲規範。

💜 扮演警察

隨時注意孩子是否暴露在危險情境中，或行為不適當（例如，孩子拿著樹枝在追逐、聲音及行為干擾他人），適時給予協助與指正。若孩子過於興奮，可先停下孩子的動作，讓他喝水或吃點心，休息一下再繼續玩。在開始玩之前，請他先說出要注意的事情，如果違反約定，就會請他再休息一下。

💜 扮演法官

建議使用「停想選做修」五步驟來協助孩子們解決遊戲時的紛爭。

（1）「停！」大家都先停下來，看看發生了什麼事情。
（2）「想！」想一想有什麼解決的方法，可以多想幾個。
（3）「選！」大家投票選一個最好的辦法。
（4）「做！」做做看，行得通嗎？
（5）「修！」效果不好，再修改一下。

孩子愛玩是天性，「人來瘋」再正常不過！隨著年紀漸長，孩子很快就知道如何控制自己的情緒，通常上小學後，玩太瘋、太失控、夜晚驚醒哭泣的狀況都會改善，父母不需要太大的壓力，這些過程其實也都是孩子學習與人相處的重要經歷呢！

NOTE

4 Chapter

《媽寶系列》
孩子太依賴！該怎麼辦？

Lovely Family

Trouble Family

小P窪媽咪的煩惱

寶貝願意甜甜蜜蜜的黏著爸媽，是最值得珍惜、最美好的親子時光。看著寶貝童稚的臉龐，回想從孩子出生長大的點點滴滴，常常希望時光能就這樣停留，能一直把孩子抱在懷裡呵護。

但是，如果真的到了孩子該上學、該獨立的年紀，卻還總是凡事要爸爸陪、要媽媽幫忙，像無尾熊抱緊樹幹一樣緊緊地黏住父母，就會令家長有些擔心與疲憊了。

如何讓孩子成為一個獨立的個體，是為人父母的重要課題。

如何養成？如何放手？如何讓孩子擁有獨當一面的人格特質，培養獨立思考與判斷的能力？

這並不容易，可是，**只要用心、用愛陪伴與關懷，孩子的過度依賴，一定可以慢慢的調整與轉變。**

一、什麼事都要媽媽幫忙

想當年，媽咪也是被捧在手心的掌上明珠，為什麼肚子裡蹦出個娃以後，地位瞬間一落千丈？

什麼都要幫、什麼都要做，媽咪不是傭人啊！

小陸媽咪甘苦談

　　真的，當媽媽之後，才知道媽媽的辛苦。以前不理解也無法想像媽媽要做多少事，我的母親也不是愛抱怨自己多忙的那種（或者是媽媽抱怨，我也當耳邊風沒聽見），因此覺得媽媽整天忙得團團轉沒什麼了不起。每次缺什麼、需

要什麼，理所當然地呼喚媽媽……「媽媽今天早餐吃什麼？」、「媽媽衣服為什麼沒洗？」、「媽媽我的地板很髒耶妳多久沒拖地了？」、「媽媽妳今天為什麼這麼晚來接我？」、「媽媽等一下幫我送忘記帶的課本來學校。」諸如此類「惡女兒」的命令，講得理直氣壯。

直到自己當了母親，還是個要在家邊工作邊照顧小孩的「全職工作媽媽」，才體會到「媽媽的堅強」真的是被有小孩後的生活歷練給「磨」出來的！媽咪真偉大，以前的自己真是太煩人了！當然啦，我的孩子還沒有這一層體悟，所以，在一邊感嘆的同時，一邊還要趕快去處理哇哇叫媽咪的孩子，「好啦！等一下！媽咪來了！」

一歲以前的孩子，還不太會呼喚媽媽，但母親天生的母性免不了二十四小時待命、把屎把尿、供吃供喝。一歲以後的孩子，看似可以略獨立一些，其實不然……

他們更加依賴母親！整天媽媽長、媽媽短，什麼事都要媽媽幫忙，如果媽媽不在或無法及時處理孩子的要求，常常會以世界末日來臨的崩潰方式哭鬧，真的是快把媽咪們給逼瘋了。

運氣好的媽咪，能遇到喜歡黏住「前世情人」的孩子——「比較喜歡爸爸的陪伴」，如果是這樣，只能說真的很幸運！我家女兒們跟爸比前世應該是「情敵」而不是情人……每次被爸比抱、跟爸比獨處，女兒們就一定被惹得哇哇大哭，媽咪我真是有苦難言。

女孩的依賴心本來就重，我又有點寵她們，導致從嬰兒、幼兒，進入兒童期，女兒總是找機會纏住賴住媽媽。最誇張的行徑，我現在要爆料！（雖然她們長大一定會恨我，可是因為太荒謬，所以我一定要說！）那就是……一直到小學一年級，我還要幫女兒擦屁股！可不是做壞事要去收拾殘局的擦屁股，而是真的上完廁所後的擦屁股！

怎麼會這樣呢？因為女兒們一直嫌「自己擦屁股手會髒」，所以要媽媽代勞！這是哪門子道理？而且如果我拒絕或推託，她倆就會坐在馬桶上不起來，書都看兩本了還黏在馬桶上，直到我受不了屈服為止……（為什麼媽媽就是這麼倒楣？）

有一天，當我洗碗洗到一半，被女兒逼去擦屁股時，我一邊洗著沾到手上的屎，一邊萬念俱灰的想：「我難道就要這樣當傭人一輩子嗎？」

不！我一定要改變！

該怎麼改變？其實我很清楚，只是知易行難。該做的就是……明確告訴孩子：「請妳自己做」。

媽咪寶貝小劇場

★因為愛，捨不得放手；因為愛，請逼自己放手

為什麼我願意任孩子使喚，孩子呼喚就有求必應？

為什麼我不肯早點狠下心，讓孩子練習自己處理事情？

其實，說穿了，是因為「愛」。

其實對於孩子飛也似的長大，我還沒準備好，總覺得抱在手上小小的寶貝已經抱不動了，忽然長成小大人，很快的是不是就會有自己的交友圈、離我而去了呢？所以總是捨不得放手，覺得能再多讓她們依賴一陣子也好。可是我知道，這是錯的。就是因為這樣，孩子才會養成「凡事找媽媽」的習慣，如果我再繼續這樣下去，她們有一天會變成媽寶，而責任必須歸咎在我身上！

所以，那天，我一邊洗手上的屎，一邊檢討自己。決定跟孩子好好溝通……

媽咪：寶貝，我忽然覺得，我不應該幫一個上國小的小美女擦屁股，她已經長大變小姐了，她可以自己擦自己的屁股。

寶貝：可是我想要媽咪幫忙。

媽咪：寶貝，請問，這件事妳自己會做，還是不會？妳是真的不會擦屁股嗎？

寶貝：我會啊！

媽咪：會的事應該自己做，然後我可以幫妳做妳真的不會的事，或者，我
　　　們一起想做的事。

寶貝：可是我不想，我想媽咪幫……

媽咪：媽咪很喜歡跟妳在一起的甜蜜時光，可是，我比較希望幫妳烤一片
　　　吐司、泡杯巧克力，一起甜甜蜜蜜的喝下午茶，而不是幫妳擦屁
　　　股。我知道妳喜歡媽咪陪著妳、幫妳，但媽咪希望妳可以更獨立。
　　　媽咪不是不想幫妳擦屁屁，而是媽咪覺得妳應該可以開始判斷哪些
　　　事妳能夠自己做？哪些事真的不能自己做？真的需要媽咪幫忙的
　　　事，我一定會幫妳。

　　經過一番長長的溝通後，神奇的事發生了！自此之後，女兒再也沒有請我
幫忙擦屁股！忽然間兩個小傢伙像是說好似的，不再需要我的擦屁股服務，還
附贈連洗澡、上廁所都自己來的「禮物」。我雖然有點失落，卻也很開心，早
知道就早點跟她們溝通！

　　不過轉念想想，也許也因為我一直以來的陪伴，讓她們的心理發展很有安
全感，當我表達需求時，她們也能體諒，不吵不鬧的戒掉「依賴」。

★從小不過度溺愛，一點一滴學會自己來

　　有些事，我會多幫孩子一點，但是，回頭檢視、比較自己與其他家長，我
覺得我還不算溺愛得太過分！

　　從三歲後，我就不餵孩子吃飯、不幫孩子收玩具、不抱孩子散步、不幫孩
子準備外出包……

　　「不吃就算了！等等妳肚子餓，食物卻收起來了，我也沒辦法幫妳！」

　　「不收玩具就算了，地上沒收的玩具我就資源回收，送給需要的小朋友，
他們會很開心。」

　　「不肯自己走路，那就找地方坐下，休息夠了再繼續走，媽咪腰會痠不能
抱妳很久。」

「想帶的東西要自己帶，因為媽咪記憶力差會忘東忘西，妳要自己負責。」

因為我沒那麼多時間、記憶力也不好，所以我會解釋我這麼做的理由，並且徹底執行我的原則，這些事就讓孩子自己處理！孩子也習以為常的遵守。每次在外看到其他家長努力餵食孩子、抱著孩子走很遠的路，我都默默竊喜自己定下的原則。

★父母愈勤勞，孩子愈懶惰

隨著孩子漸漸長大，我變得愈來愈笨！從以前什麼事都會、什麼事都懂的媽咪，開始退化，倒也不完全是因為年紀大了（好啦，是有一點），但，主因當然是為了要讓孩子為自己的生活負責！父母愈勤勞，孩子就愈依賴、愈不想動手動腦。我的「育兒小秘訣」就是把自己裝成一個忘東忘西、什麼都不會的笨媽咪，孩子反而會比較獨立唷！

當然，每個家庭的原則、每個家長的底限不同，沒有絕對的誰對誰錯？誰好誰壞？請各位家長衡量自己家的狀況，早放手、晚放手，都要放手，孩子與家長之間，應該是互相獨立存在的個體，儘管不捨，卻也要幫助孩子脫離父母的羽翼，成為一個可以為自己負責任的人！

舉手發問Q&A：

Q： 如何改變年紀小的幼兒黏媽咪（或主要照顧者）的習慣？

A： 小寶貝本來就是媽咪身上的一塊肉，習慣媽咪的味道，要讓幼兒不黏媽咪很難，太過威逼也會造成小小心靈的傷害，只能循序漸進慢慢引導。多接觸不同的親友、外出習慣人群、練習自己玩耍、不要一哭就抱，而是在旁陪他說話……都是好方法。

當孩子想黏住家長，家長卻有事要忙時，請理性告訴孩子此刻不能陪他的原因，給予適當的拒絕，別讓孩子有求必應，讓他理解家長也需要完成自己的事情才能陪伴他。

聽聽專家怎麼說？

吳怡賢臨床心理師

每個孩子都是模仿高手，一、二歲的孩子話都還說不好，就咿咿呀呀的講電話，彷彿談了筆大生意；三、四歲想學大人掃地、洗菜、摺衣服，但成果總是一團亂。媽媽只好在心中吶喊「我的老天鵝啊！」，默默地收拾殘局，想著下次自己來就好，結果媽媽的技能不斷升級，孩子的自理／家事技能始終如一。

自理／家事技能養成班

♥ 一、二歲的孩子對外界好奇，喜歡模仿，家長在做家事時，可以給他一些小東西模仿動作（例如，一條毛巾模仿摺衣服），增加「一起做事」的正向經驗。

💜 三至五歲的孩子樂於「自己來」，從中獲得成就感及自信心，在這個階段可盡量讓孩子嘗試（注意安全），培養孩子獨立做事的信心。父母則要學會放鬆的技巧，準備足夠的時間讓孩子嘗試，及偷偷的補強。

💜 五歲以上的孩子，家長可觀察孩子是否已經具備某項自理／家事的能力，鼓勵孩子獨力完成，不足處再提供協助。例如，五歲的孩子可自己搓泡泡、抹泡泡，但抹不到背面、泡泡沖不乾淨，家長就可在最後教他如何用毛巾搓背，如何調整蓮蓬頭的角度沖泡泡，而不是直接幫孩子沖乾淨。

💜 在訓練孩子獨立的同時，也不忘記滿足孩子「想被照顧」的需求，例如，在孩子自己洗完澡時，幫他披上大毛巾同時抱一下，通常會看到孩子滿足的笑容。

孩子願意黏媽咪的時間大約也只到十歲，人生就這十年是沒有家長不行，再長大一點，根本還希望家長別黏著自己！所以，這甜蜜十年其實很快就過去，當孩子黏著家長讓家長心煩不已時，也許可以試著轉變一下想法？珍惜這甜蜜親子互動的時刻。

我不要自己睡！我要媽咪陪！我不要自己的房間，
我要跟爸比媽咪睡在一起……
孩子對父母的依賴，又可愛，又麻煩，該陪伴，
還是該趕快練習獨立？

🖤 小陸媽咪甘苦談

「媽咪，陪我睡覺！」到現在，大女兒已經小三了，孩子們還是每天睡前會喊一下這句例行公事，我也會回應：「好，我忙完就去！」不過，女兒只是喊喊，類似一種「晚安」的問候，至於我有沒有真的去陪她們？倒不是很介意。一方面因為她們理解媽咪的忙碌，孩子入睡後才是我安靜工作的時光，另一方面，也是真正的主因，是她們的心理很安全，也不真正需要媽咪的陪伴。

為什麼我敢肯定她們的心理很安全？因為……又要來爆自己家的料，而且應該很多家長要驚呼了！

「到現在為止，我們一家四口還睡在同一個房間！」

啥米？真的假的？為什麼？唉，待我從頭道來。

在孩子大約三、四歲時，我們幫孩子布置出美麗的兒童房，粉紅色的牆壁、花朵造型的夜燈、可愛的床鋪……看起來就是夢幻公主房！不過，任誰也沒有想到……「我不要住這裡！」女兒們看到房間後，異口同聲地說。

問題出在哪裡？原來，我們家是南部傳統的狹長透天厝，要孩子去到位在樓上的房間，必須穿過長長的樓梯與走道。孩子們嚇壞了，覺得我們要遺棄她們，怎樣都不肯離開父母，怕黑、怕蟲、怕怪聲、怕窗外的月亮……什麼古怪理由都搬出來。我左思右想，好像也沒有一定要逼她們跟我們分開，於是就繼續一家四口暫時窩居的生活。

說真的，媽咪我也很享受翻個身就能看到孩子的小確幸，所以這也是沒堅持分房的原因之一，但，從孩子一歲開始，我便讓她們睡自己的小床，三、四歲後改為獨立上下鋪，雖然是同住一房，卻也各據自己的睡眠空間。

也許在孩子的成長過程都知道我們晚點就會來到她們身邊，所以並不會堅持要我陪睡才敢睡，以致於困擾許多母親的「陪睡，陪到最後自己睡著孩子還沒睡」這個問題，我僥倖逃過一劫。

不過，遇到孩子不肯自己睡、不肯分房睡，妳會怎麼做呢？

媽咪寶貝小劇場

★一定要媽媽陪睡，就要約定陪伴的時間！

我的絕招是……我只陪妳五分鐘！

寶貝：媽咪，我想要妳陪我睡覺！

媽咪：寶貝，媽咪也好想陪妳睡覺，可是媽咪還有好多事沒做完，還沒拖地、洗碗，如果這些事沒做完，明天家裡會髒髒亂亂的。

（也許這些事不一定要現在做，但媽咪請舉例讓孩子知道自己的忙碌與孩子切身相關，「媽咪不能睡覺是為了完成家裡的事務」會引發孩子的同理心。）

寶貝：可是我還是想要妳陪。

媽咪：好，那媽咪陪妳五分鐘好嗎？我們約定，我陪妳五分鐘，讓妳舒舒服服的準備睡覺，那五分鐘後，媽咪要趕快去把家事做好，媽咪才可以早點睡覺，好嗎？

寶貝：好吧。

媽咪：那我幫妳抓抓背，放一首好聽的音樂……

先跟孩子溝通好，媽咪可以陪妳五分鐘，安撫妳舒服的睡覺、說個故事、唱唱歌……不過我尊重妳的需求，妳也要尊重我，請妳快快閉上眼睛、進入夢鄉。

其實只要孩子夠累，五分鐘也差不多可以入睡。讓孩子快速入睡的先決條件是：白天少睡午覺！第一單元有提過，為了晚上的入睡效率，我們家的小孩是不睡午覺的。當然孩子很累的日子另當別論，不過孩子不想睡，就絕不逼他睡。盡量讓孩子累到躺平，上床自然迅速入睡。

★尋找代替媽咪的陪睡小物

夜晚孩子入睡前後的這段時間，是我很重要的工作時間，所以我承認我並不是一個天天說故事的好媽媽。但我又很擔心孩子沒聽故事好像會少了想像力，所以從孩子很小，我就開始播放睡前故事CD，或尋覓一些會說故事的小玩具，例如「火火兔」之類的輔助陪睡小工具，讓孩子躺到床上聽音樂、聽故事，進入睡覺的情緒。當然，讓孩子擁有固定的小被子或小娃娃，也可以安撫入睡情緒！

★循序漸進，先分床再分房

　　堅持不肯分房睡的寶貝，家長除了先分床、再分房，慢慢引導之外，也可以邀約孩子一起設計兒童房、一起換到兒童房入睡、幫兒童房加上更多適合入睡的元素……等等，與孩子共同規畫、設計，慢慢減少自己出現的時間，讓孩子在自己的房間裡建立安全感。

> 媽咪：寶貝，妳長大囉！妳最近不是會在畫畫的時候說「媽咪走開不准看」，那妳會不會想有自己房間呢？
>
> 寶貝：不要，我不要一個人睡，我怕怕。
>
> 媽咪：沒關係，等妳準備好，再去妳的房間沒關係。不過有自己的房間，就可以享受妳自己的私人小空間，不用覺得做什麼事都有媽咪干擾，也不錯呢！妳覺得，我們要不要一起佈置一個「屬於妳」的房間？
>
> 寶貝：一起佈置嗎？
>
> 媽咪：對啊，把房間佈置成妳喜歡的樣子，然後偶爾我們可以換去新房間睡睡看？妳可以輪流睡自己的房間和我們的房間。
>
> 寶貝：好吧，但是等我想去睡，才能去，不可以逼我喔！

　　面對還不想搬到自己房間的小姊妹，在各自升上二、三年級時，我問：「打算何時搬去自己的房間呢？」兩個女兒先是很精明的一搭一唱回應我：「幹嘛那麼急，住在一起可以只開一臺冷氣就好！」、「省電又環保！」（其實說中我心啊！）

　　不過兩個小傢伙還是認真的討論了一會兒，下了一個決定：「姊姊升上四年級、妹妹升上三年級的時候，我們就要上樓去睡。」也就是說，明年的暑假開始，兩個小女孩就要脫離我的羽翼啦！究竟會不會發展的這麼順利？且讓我們繼續看下去……

Q：家長陪睡就是不獨立？不肯分房睡的孩子，是不是真的會依賴心很重呢？

A：我們自己家的例子看來，並不會！也許是心理很安全，她們在睡覺的過程不會嚇醒、不需要害怕孤獨，所以兩個孩子的睡眠品質一直都很好。

我跟先生的工作，每年需要出國出差兩三次，每次都是至少一週，出差過程中就會把孩子託給公婆、阿姨等親戚照顧，聽親人說孩子們不但不怕生，還非常開心，睡眠也都很安穩，所以我不認為同住一房一定就會養成孩子依賴的個性，以我們的例子來看，不但親子感情緊密、孩子各項發展也很不錯！

聽聽專家怎麼說？

Margot Sunderland 博士，是倫敦兒童心理健康中心的教育與訓練主任，在她的著作「育兒科學」（The Science of Parenting）裡提到，「獨自睡覺」的小孩會因為和父母分離而產生比較多的壓力賀爾蒙；如果小孩能和父母同睡一段長時間，最好為「出生」到「五歲」左右，他們長大後相較於獨睡的孩童，會比較冷靜、少壓力，健康方面更是無虞。

孩子和大人同睡，被認為容易吸入成人呼出的二氧化碳等廢氣、影響腦組織的新陳代謝，對發育不利，甚至也有成人壓到孩子的危險。但根據「育兒科學」書內提到，亞洲國家如台灣、日本、香港等地方，在環境和傳統文化影響

下跟寶寶同睡是普遍現象，但是卻沒有比較高的嬰兒猝死症的比率，日本更擁有嬰兒猝死症「全世界最低」的發生率。

美國兒科協會（The American Academy of Pediatrics）也建議父母和小孩睡在同一個房間裡，但是睡在不同的床上。

（資料來源：In媽咪育兒新知網www.in-mommy.com）

到底幾歲必須分房？其實，並沒有標準答案；但是，把孩子一個人丟在幽暗的空間裡強迫他面對孤單、恐懼，光是猜想那樣的感覺就覺得有些不忍。其實時間到了，孩子就會不想跟父母在一起，何不等他準備好呢？緊密相依的生活，何嘗不是一種甜蜜的負擔？

NOTE

三、一不順心就討救兵

媽咪罵人，就逃到爸比身邊？
爸媽規定的事情不肯遵守，就搬出阿公阿嬤來擋駕？
身為父母一定要教育孩子守規矩，可是當教養不同調時怎麼辦？

小陸媽咪甘苦談

在家裡，有沒有分是誰扮黑臉？誰扮白臉？

從我身邊的例子看來，大部分的家庭，都是媽咪扮演比較嚴謹的角色，爸比則是「好好先生」，如果是生女兒的家庭，女兒更是爸比的前世情人。不過，我們家好像不能適用這個規律，更怪的是，我覺得爸比跟女兒的「前世」，應該是「情敵」！

姊妹超愛與爸爸吵架。不！應該說爸爸超愛惹怒小姊妹！兩個孩子常常對我宣告：「永遠不理爸爸」、「永遠不要再見到爸爸」！如果受了委屈向爸爸討拍，爸比只會嘻皮笑臉的繼續激怒女兒，把女兒惹到暴哭或暴怒，然後躲起來等媽咪收拾殘局（嘆）。

由此可見，以黑臉白臉的分工來看，我通常需要「一人分飾兩角」，而我們家爸比的角色則是⋯⋯調皮老萊子，負責綵衣娛親！而且常常沒演好，從「娛樂」的任務走鐘成「激怒」我們，所以孩子們寧可離爸爸遠遠的，免得一不小心被他當成捉弄的對象。

這樣的分工也不壞，至少在家當我臉一黑、準備發火時，孩子會乖乖聽話。

比起跟失控老爸討救兵⋯⋯還不如乖乖服從媽咪的規範！

不過，只要一來到阿公阿嬤家，事情就沒那麼簡單⋯⋯兩個小傢伙就會自動啟動「耍賴模式」，從「理性小少女」變成什麼都不依的「撒嬌小搗蛋」！明明要吃飯了，還是要先偷抓一把餅乾；明明說不准吃糖，還是四處搜刮甜甜的糖果；趁著大人不注意跑到姑姑的房間裡偷穿高跟鞋、偷擦指甲油；洗過澡了要孩子別出門，一不留神又跟阿公溜去雞舍找咕咕雞玩！做了壞事準備被媽咪罵，就一溜煙鑽到阿嬤屁股後躲起來⋯⋯然後阿公阿嬤與姑姑會用寵溺的表情盯著孩子笑，再一臉狐疑的看看我，彷彿我這個兇巴巴的媽媽十分有問題！

孩子的依賴撒野，看在阿公阿嬤眼裡，就是含飴弄孫的可愛，只要來到阿公阿嬤家，孩子就像來到天堂，爸媽辛苦建立的規範，在阿公阿嬤面前根本就沒用嘛！

媽咪寶貝小劇場

以下的場景,妳曾遇過嗎?

孩子自己絆倒跌倒,長輩立刻拍打地面說:「地板壞壞!打打!」

抱著健康勻稱的孩子去長輩家,長輩卻捏捏孩子的大腿,一邊唸「可憐啊,瘦巴巴,都沒肉,爸爸媽媽是不是沒給你吃飯?」一邊猛塞零食點心給孩子吃……

請孩子照著規定的方式做事,長輩卻補槍:「沒關係啦,他只是個小孩,妳小時候也不會,比他調皮多了……」

孩子有了「救兵」可以「靠」,訂好的規範全沒了!一有要求,孩子就回嘴:「XX說不用!OO說可以!△△說沒關係!」這些小事都很容易讓孩子的主要照顧者一秒到燃點,火山爆發!

「我照顧孩子還不夠辛苦嗎?為什麼要這樣害我!」

長輩寵孩子是天經地義,但是如果和家長的教養方式出現抵觸時,孩子自然會挑「軟柿子」吃,哪裡的規矩少一點、輕鬆一點、好處多一點,就往哪裡去。

遇到這樣的狀況,我會怎麼做?

★和孩子好好溝通,請孩子同理家長的心情

告訴孩子為什麼家長會訂下規矩?就像出門要遵守交通規則、去圖書館要遵守圖書館的規則一般,在不同的地方要尊重不同的規定。

寶貝:為什麼去姑婆家、外公家,都沒有這些麻煩的規定?

媽咪:寶貝,家裡如果都沒有規定,秩序會變得很亂,為了讓家裡很舒服、媽咪可以過喜歡的生活,大家都開開心心,就要遵守家裡的規矩。

寶貝：不要有這些規定，我也可以開開心心。

媽咪：真的嗎？假如妳不想遵守吃飯時間，那媽咪也不想遵守煮飯的時間；假如妳吃飯要人家餵餵，那媽咪吃飯也想要妳餵餵。穿衣服也是，假如妳不肯自己穿衣服，媽咪也不想洗衣服，媽咪也想輕鬆，什麼事都請別人幫忙做啊。

舉例讓孩子理解，家裡每個人各自有需要遵守的規定，如果有一個人放棄不遵守，全家的秩序就會大亂，也許跟長輩出門時他們的規定比較少，不過跟父母在一起時就要遵守家規，因為我們是快樂小家庭裡的一份子，缺一不可喔！

讓孩子養成同理心，覺得該為自己的甜蜜家庭而努力。討救兵，雖然當下好像能解決問題，但長遠來說問題還是在！花些心思跟孩子解釋問題的核心，就算他無法立刻理解，也會在小小心靈裡慢慢出現改變。

★夫妻間取得共識，站在同一陣線上

對「內」，可以約定好誰當黑臉誰當白臉，當孩子討救兵時應該如何處置？偶爾也可角色互換，出發點一定要為另一半著想。

對「外」，如果有教養問題要與長輩溝通，夫妻倆一定要先討論過、有共同想法，避免溝通到一半夫妻倆鬥嘴，更引發長輩紛雜的意見。總之，夫妻一定要先釐清彼此的想法，同心，再一致對外。

★和長輩緩緩溝通，微笑的表達立場

如果長輩與主要照顧者（父母）的教養衝突持續發生，且擾及生活，則必須從問題的根本來解決，但……長輩喜歡做孩子的靠山、喜歡提醒我們管教孩子的方法，其實都是出自於善意的愛和關懷，所以在溝通時，一定要注意長輩的心情。千萬別在氣頭上急著說出口！就算內心波濤洶湧，但是良好的溝通才能根本改善彼此的問題。帶著笑容與感恩，找個大家都有空的時間，也許一

起吃頓飯、喝個下午茶，慢慢聊，千萬別損及彼此的情感。

另外，就大觀念來討論，而不要變成小細節的批鬥大會。孩子的規範會影響未來的人格發展，請長輩體諒。約定彼此不干擾彼此的教育方式，不批評對方，就大觀念來討論，例如：

（一）價值觀：

不要主動買東西給小孩、太輕易給予孩子零用錢，避免養成孩子的物欲與價值的偏差，惜物惜福、要有付出才能有收穫，否則會不懂珍惜。

（二）是非觀：

孩子犯錯要讓他知道，在公共場合要約束禮節，知錯能改，不該寵溺忽視錯誤、影響孩子正向的人格發展，以清楚、有條理的方式，提出自己重視的項目與長輩討論，切莫事事否定。

（三）隨時不忘感謝！

有人能擔任孩子「討救兵」時的角色，代表他願意分擔我們照顧孩子的責任，可以讓忙碌的主婦偶爾離開孩子喘口氣，找回自己原本的生活步調，與其去看缺點，不如正向思考，隨時謝謝身邊的另一半、長輩、親友願意陪伴孩子、讓寶貝有更多的愛圍繞。

Q：對於長輩「教養不同調」會感到生氣嗎？

A：其實真的不會！反而還滿滿的感謝！感謝長輩願意幫我顧小孩！長輩照顧孩子時，正是家長難得的休息時間，看到孩子跟自己最重要的親人相處得很好，幸福的感覺多過於煩惱。

我其實很好運，我的爸媽、公婆以及長輩親友們，都非常明理，很尊重我們夫妻的教養方式，總是讓孩子吃好的、買好的，滿足我們小氣夫妻給不起孩子的。

孩子很喜歡去祖父母、姨婆、阿姨、姑姑家，回家後總是唸著對方對她們多好、跟爸媽差很多！每次被媽咪爸比責難，也常抱怨我們沒有那些長輩們對她們的寵愛。

當然難免會覺得「好不容易訂下的規矩，沒有遵守怎麼辦？」、「討救兵的習慣養成了，我以後怎麼教？」

但是轉念想想，自己小時候跟長輩相處的日子，都是美好的回憶，阿公阿嬤寵溺的態度，正是孩提時代最難忘的好時光！

長大後，和父母相處的時間還多，但陪伴阿公阿嬤的時間就少了，雖然上一代與我們的教養觀念會有許多不同，需要磨合與溝通，但享受天倫之樂還是比遵守規則更值得，偶爾放縱一下沒關係！

聽聽專家怎麼說？

吳怡賢臨床心理師

教養是一齣「諜對諜」的大戲，充滿了鬥智、懸疑、親情及悲歡離合，偏偏不是每個人都是演技高手，要維持表面和平，同時又能執行任務（教好這個孩子！）實屬不易，大多時候是「家庭戰爭」一觸即發。

教養不一致的處理原則

💜 知己知彼，百戰百勝

了解所有提供「物資、好處」給孩子的人，都是基於「愛孩子」、「希望被喜歡」，而非「故意破壞規矩」、「指責父母不是」。所以讓他們感受，即使不這麼做，孩子還是愛他們，例如，他們喜歡奶奶煮的菜、記得爺爺教的規矩，讓長輩知道除了買糖果、玩具，還有其他可為孩子做的事。

💜 文宣攻勢

長輩通常都會喜歡聽「專家」說，勝過「家人」說，平時在家庭氣氛還不錯的時候，可以分享一些正確的教養觀念。例如，「上次我聽一個有名的小兒科醫師說，孩子吃糖會抑制生長激素分泌，真的要小心一點」。

💜 物資控管

讓孩子了解到只有一個「中央政府」，所有由其他人拿到的東西，都要受「中央」控管，也可鼓勵孩子「上繳」的行為，對孩子有益的物品可擇期發放（例如，獎勵品）。

💜 特別行政區

偶而允許「特例」發生，反而會讓孩子更願意遵守規範，就像工作時的「休假」時光，一方面也可免去與長輩、孩子唇槍舌戰，爭論不休的場景。讓孩子明白，規矩仍然存在，這次是特別通融，下不為例。例如，回祖父母家太高興而超過十點仍不睡覺，可告訴孩子「原本九點就要上床睡覺，我知道你們太高興睡不著，今天特別通融一次，不過還是要快點睡，因為規定還是九點」。

孩子和長輩的相處，在孩提時代扮演非常重要的角色，也是人際應對養成的重要練習。退一步海闊天空，只要雙方互相尊重，讓孩子享有兩種不同的標準，也是一種另類甜蜜的家庭關係！

NOTE

5
Chapter

《專注力系列》
超容易分心！該怎麼辦？

孩子，你為什麼這麼不專心？

面對孩子容易分心、專注力不足的狀況，許多家長會覺得十分棘手，而這也是幼兒與兒童的通病，大部分的孩子都很難專注某件事太久。

其實這也是難免的，這個世界這麼新鮮，這麼美好，有這麼多值得關心的事，怎麼可能只乖乖專注在寫作業、練琴，或某件事上呢？有時候一隻小飛蟲飛過、一塊缺了角的橡皮擦、一隻沒削的鉛筆，都可以引發許多有趣的想像，當然也就可以讓孩子分心，掉進另一個自己的小世界……

要訓練孩子的專注力，不是一件容易的事，我們都是這樣長大的，就讓我們用彼此的經驗互相砥礪，輕鬆看待，一起幫孩子與自己調整出最佳狀況吧！

一、三分鐘熱度

一分鐘前說要塗顏色，拿著色本給孩子，畫得起勁……兩分鐘後，孩子卻說「我不要畫了！」可惡的寶貝，你是故意整我嗎？
發生這樣的狀況，該怎麼辦？

💗 小陸媽咪甘苦談

　　三分鐘熱度的狀況，孩子愈小愈明顯！在孩子還小，大約二到四歲的時候，我時常被兩隻「三分鐘熱度小魔王」當作笨蛋耍。當時，還懵懵懂懂的她們，常常會提出看起來很有建設性的要求：「我想練習寫123」、「我想買著色本」、「我想溜直排輪」、「我想學腳踏車」、「我想學笛子、跳舞、鋼琴、小提琴」……大部分的要求看起來都很上進，讓媽咪我暗自竊喜的想「這麼小就想練習寫字畫畫，還對音樂與體育都有興趣，搞不好以後琴棋書畫體育樣樣精通！」以為自己養到了小天才。殊不知，這根本只是孩子一時興起、隨口說說！

　　因為我很晚才讓孩子上學（姐姐中班、妹妹小班才入學），寶貝們平時就是窩在家裡玩樂，我也有點擔心她們會輸在起跑點上，所以只要有「上進型」、「學習型」的要求，大部分都會答應。畫畫本、連連看的數字練習、123ㄅㄆㄇ著色本，各種益智教材、各種課程，只要妳想學，媽咪就肯給！奇怪的是，孩子好像很沒耐心，所有自己選擇、喜歡的事物，剛開始嘗試都很開心，但是一段時間後就不想去，自己到書店挑選的輔助教材，大部分也是玩一玩、寫一寫，就不想動，這個狀況在三歲、四歲時達到高峰，我心裡想，不能再這樣下去了，一定要想辦法解決！

💗 媽咪寶貝小劇場

★循循善誘，再試一下

寶貝：媽咪，我不要學直排輪！

媽咪：寶貝，為什麼呢？妳不是一直希望穿著直排輪鞋溜來溜去嗎？

（先了解原因。）

寶貝：可是我都會跌倒，膝蓋很痛，腳也好痠喔！

媽咪：妳看，其他有上過幾次的大哥哥、大姊姊，是不是已經不會跌倒、溜得很棒呢？妳很快就可以跟他們一樣喔！

寶貝：我學不會，我不可能像他們一樣厲害……

媽咪：其實，只要有耐心，一定學得會！媽咪小時候也花了好幾個月學溜

冰，溜冰就像在玩滑步，跌倒也很好玩啊，終於學會的時候，超開
心的！

（溫柔勸導，舉自己與別人的例子，讓孩子知道努力會有收穫。）

寶貝：我不喜歡跌倒。

媽咪：可是，我們才剛買直排輪，也剛報名，如果妳就把直排輪放在一
旁，它一定很難過，它一定也很想跟別的直排輪一樣，在廣場上奔
跑，妳可以再試幾次，讓直排輪享受一下奔馳的感覺嗎？不然它就
變垃圾了。

（曉以大義，並使用擬人法，讓孩子由對物件的同情產生動力。）

寶貝：那我再上一次就好。

媽咪：寶貝，當初要買直排輪之前，我們有溝通過，一雙直排輪要很多錢
錢，報名課程也要很多錢錢，如果放棄了，我們付的這些錢錢就等
於不見了……但是如果寶貝願意再試三個月，把課程上完，也學會
怎麼溜直排輪，那這些錢錢就會好高興，它們知道它們有幫助妳完
成夢想喔！

（雖然是說道理，卻用讓孩子沒有距離感的方式說。）

寶貝：可是，我會害怕跌倒。

媽咪：我們再試一下，下次我牽著妳的手陪妳一起溜好嗎？這一期的課程
結束，如果真的不喜歡，下一期的課程就不要參加了，好嗎？

（陪伴、關心，給予一個期限，一起努力。）

　　年幼的孩子對世界一知半解，什麼都好奇、什麼都想嘗試，但嘗試過後，
發現新事物不如預期，便想放棄。三分鐘熱度，是天性，是常態。嘗試後放棄
沒什麼不好，孩子不喜歡也可以解釋為「沒有興趣」，不過，如果父母沒有加
以引導、曉以大義、適當施加壓力，其實孩子一定想換換口味、嘗試其他沒試
過的、看起來輕鬆好玩的事物，也會養成半途而廢、吃不了苦、專注力低的壞
習慣，對孩子一生的學習態度會造成巨大的影響。

如果年幼時有適當的引導，那麼大約五歲以後，三分鐘熱度的狀況就會改善很多！

★孩子不三分鐘熱度、父母不頭痛，達雙贏局面

一、多帶孩子嘗試不同的事物，但不要在孩子提出要求時就滿足他

孩子喜歡什麼、想買什麼、想學什麼，可以陪著他四處去看、去體驗，但是，請堅定自己的心智，別馬上買、馬上報名，藉故去附近兜一兜，或帶孩子回家，測試孩子是否還會想起剛剛喜歡的那樣事物。如果孩子一直記掛在心上，代表他真正在意，再去考慮購買、參與的可能性。

二、生活中幫助孩子培養興趣，觀察孩子真正想要的

如果孩子喜歡音樂，可以先買玩具鐵片琴來彈奏簡單的音符，測試小孩是否真的喜歡玩樂器。如果孩子喜歡跳舞，不一定要直接去學舞，可以先播放YOUTUBE上的律動、芭蕾舞蹈教學跟著練習。拜科技發達所賜，各式各樣的玩具、才藝、書籍，都可以在家先透過雲端的資訊認識，當孩子覺得有趣、父母也覺得孩子適合，再決定是否要擁有。

三、當孩子堅持要參與、購買某項事物，請和他「立下約定」

如果喜歡這件事，那麼要持續參與這件事多久？立下約定，可以為孩子的心情增加負責任的力量。例如，「想買某個玩具，就約定一個月內都不可以再買別的」、「想買某種畫畫書，就約定畫完後才能買下一本」、「想學某樣才藝，那報名的時間內都要乖乖上課」⋯⋯

　　如何立下約定？最簡單當然是看著孩子的眼睛，認真的約定用手打勾勾、蓋印章。不過我推薦家長可以手繪一張可愛的協議書，看得懂字的孩子，就寫：

　　「合約書：OOO想學_____，至少會乖乖學_____（時間），不會半途而廢。如果違反約定，就要_____（和孩子溝通好違約的小懲罰並寫下）。立約人：媽咪_____（簽名），寶貝_____（簽名）」

　　看不懂字的孩子，合約書則可以用畫的，隨便畫，意思點到為止就好，例如：畫上要買的玩具、學的才藝，然後底下一樣要請孩子簽名，並討論違約的罰則。

　　這張合約書，在孩子三分鐘熱度時拿出來，喚醒他對自己曾說過的話的記憶，當然，也許孩子還是會用哭鬧來取得妥協，但一次、兩次、三次……我相信家長一定會看見孩子的進步。

四、當孩子拒絕再參與，請了解孩子「不喜歡的原因」

我自己小時候很討厭學琴，原因不是因為練琴很辛苦，而是老師很兇。我記得我一直被打手，每堂課都被打幾十下，然後我也不喜歡每天都要花一小時坐在琴前的練習時間，因為摸琴我就害怕，愈來愈討厭琴，每次上課前都想哭，卻還是被父母逼著去，學了三四年，連一首完整的曲子都不會，浪費父母的血汗錢，也埋下自己懼怕樂器的心情。這，就是雙輸的狀態。

當我向父母表達我不想學琴時，父母只是逼著我繼續學，從來沒問我原因，自然也沒有替換老師，我就這樣被「霸凌」的度過痛苦的學琴時光。所以，當孩子說想學樂器後，我很重視老師的態度，與快樂的教學方式，我並非望女成鳳，學音樂只是希望培養孩子音感與對藝術方面的興趣，不希望老師逼她練多難的曲子，回家也鮮少逼孩子練習。於是，孩子不知不覺學習三年了，雖然曲子還是練得很普通，但始終是雀躍地去上音樂課，學校要才藝表演時，也會要求帶樂器去表演。我在孩子身上完全看不到我當年討厭學琴的樣子，這就是我希望的。

孩子的參與，本源於他的喜好與興趣，而非父母的逼迫。若嘗試一段時間，孩子真的不喜歡，也不需要勉強。

五、當孩子認真嘗試時，大人千萬不要開玩笑奚落孩子！

孩子對事物的興趣，需要慢慢培養、耐心維持，但是，孩子的玻璃心很容易在不受肯定時破碎，而失去動力。

我看過許多長輩在孩子表演才藝或自己的興趣、專長時，竟然奚落孩子：「學琴以後是要街頭賣藝嗎？」、「好好讀書就好別做一些沒用的東西」、「你在畫圖？是在鬼畫符吧？」、「這麼愛唱歌，去唱歌仔戲！」……每次我聽到這種話都會燃起一股無名火，大人憑什麼用偏頗的價值觀傷害孩子？所以遇到這樣的狀況，家長也要挺身捍衛孩子，告訴批判者，自己的孩子做的事並沒有錯，偏見才有錯。讓孩子知道，家長是支持他堅持自己的興趣，那孩子才能學會不輕易放棄的人生態度。

舉手發問Q&A：

Q：除了因為三分鐘熱度之外，為什麼孩子在學習或課業上持續力總是很差？

A：我在自己的孩子身上發現，他們不喜歡、沒興趣的東西，大多是因為沒有獲得肯定、操作起來不順手、沒有成就感。如果學會了，原本的「拒絕」就會轉變為「接受」並且「喜歡」。

從不會到會，本來就需要花時間，所以，也請家長多花點時間陪伴與引導，或者，多給予鼓勵，就算孩子沒做好，還是告訴他：「你已經很棒了！」讓孩子建立成就感，建立學習的動力。

❤ 聽聽專家怎麼說？　　　　　　　　吳怡賢臨床心理師

　　孩子天生氣質大不同，有些孩子天生較害羞、不敢嘗試新事物；有些孩子則活潑外向、對新鮮事物總是充滿好奇；有些孩子可以持續專注在感興趣的事物上；有些孩子則遇到挫折就容易放棄，因此要協助孩子培養興趣，可依據不同的氣質給予適當的協助。

　　對事物的堅持度較低的孩子，即便是感興趣的活動，也會因為遇到挫折就容易放棄，若家長評估孩子仍然很喜歡這個活動，想協助孩子度過暫時的難關，可以在「前、中、後」的三個時機點協助孩子。

　　❤ 遇到困難前

　　稱讚孩子在活動中堅持的部分，例如，「你可以專心練習完這首曲目，我覺得很努力，也進步很多」。可增加孩子在此興趣中的成就感及自信心，增加堅持度。

❤ 遇到困難中

　　孩子在練習這個興趣時，建議父母陪伴在旁，在出現困難時，適時給予「溫暖」協助，此時機的重點在於「陪伴」度過難關，例如「沒關係、不急、慢慢來、深呼吸、再想一下」，降低孩子在挫折中的焦慮及失落，增加孩子的自信心。

❤ 遇到困難後

　　當孩子直接表示要放棄興趣時，父母可能會在心中吶喊「又來了，每次都這樣！」但要相信，若是這個興趣是孩子真正喜歡的，此時孩子的挫折感肯定不比父母低，所以了解孩子遇到的困難，討論如何幫助他度過這個難關，是此時期最重要的課題。例如，「我知道你很喜歡彈鋼琴，也一直努力練習，想放棄一定有你的理由」、「我可以怎麼幫你」。

　　其實，改變「三分鐘熱度」的壞習慣，也就等於具有較長的專注力、持續力，這也是學習必須有的態度。若放任孩子習慣「放棄」，那在課業上孩子也容易用「我不會，不想學」的態度來面對困難。若能從小陪孩子堅持一兩樣興趣，細水長流的執行，對孩子的未來必有正面影響。不必多，只求孩子在喜歡的事物上建立專注的態度，不必事事要求完美，卻也不放任孩子予取予求，讓孩子知道，他要為選擇負責，三思再選擇，在物質與精神上都加以控制與引導，很快就會看見效果。

NOTE

二、忘東忘西小迷糊

帶著包包出門，卻空手回家！
穿著雨衣出門，雨停了，雨衣也跟著不見了！
千叮嚀萬囑咐，關燈、關門，再外出，回到家卻發現，燈亮晶晶、
門開大大，什麼都沒做到！
孩子的記憶力，為什麼就是這麼不好？

★「遺傳」這可怕的基因啊！

　　嗚嗚，其實……我真不忍心批評孩子，因為，我本身也是這樣呀！打算幫孩子倒水，走到桌前發現桌子有點髒，便拿起抹布擦拭，然後順便洗碗、整理，直到孩子喊渴，才想到自己忘了倒水；發現衛生紙沒了，打算走去儲藏室拿衛生紙補充，卻在儲藏室做了一堆其他的雜事，回到房間才發現兩手空空，衛生紙在哪裡？諸如此類的迷糊小事天天發生。自我檢討，發現我的「健忘」好像不是因為年紀大了頭腦退化才變嚴重，而是與生俱來的！

　　有記憶以來，我就容易忘東忘西！上課忘記帶課本、回家忘記帶作業、忘記老師交代的任務、忘記爸媽的叮嚀……不過，真正有興趣的事，倒是不會忘。我也不是故意選擇性記憶，但就是常常因為健忘而被責備。

　　慢慢長大，記憶力有好一點，重要的事很少出差錯，小事卻還是容易忘。我想，也許是我腦容量不夠，專注力只能放在自己在意的事情上？工作中我常要身兼數職，每個任務都不能有差錯，要有條有理、記的清清楚楚，所以生活瑣事也許就懈怠了。

　　我的兩個小寶貝也是跟我一個樣：整理了一個滿滿的小背包，裡面放滿了等一下要用到的重要物品，最後整個忘記帶出門；拿好外套，穿鞋時就放在鞋櫃上忘記帶；抓著水壺，開門時順手一擱，又放在門邊；忘記關燈、忘記沖馬桶，這種案例發生過一百次，走進廁所看到一條大便飄在馬桶裡的時候真的好怒呀！

　　朋友們常笑說：「妳們家該吃銀杏囉！」但我認為，再多的銀杏都不一定有用，純粹就是我們的腦子有黑洞！

　　但是，某天，不經意看到電視新聞報導，加拿大多倫多大學的研究給了健忘者堂而皇之的理由──「健忘的人其實最聰明！」大家有沒有眼睛一亮？還是覺得聽起來只是自我安慰之詞？

　　報導引用研究的內容指出：「因為腦容量有限，所以『健忘』其實是大腦

為了『優化決策』的機制！大腦會自發性忘記不重要的細節，才能把精力放在需要更多腦力的事情上。這樣的人，危機意識強，而且能善用記憶。」

報導還進一步舉例：「有的人去唱歌，會忘記歌名，但一遇到意外狀況，卻能立刻判斷問題、找到逃生出口，代表他們懂得捨去枝微末節的小事，快速篩選資訊。」專業醫師也指出，「如果凡事記大又記小，生活往往無法放鬆，『記憶超載』是很辛苦的，反而不容易對生活的重大事情做出判斷！」聽完，妳是不是跟我一樣，心裡有些竊喜？

呵呵！忘東忘西是人之常情，請輕鬆點看待，也許新聞說的也有幾分道理！

當然，面對孩子忘東忘西的情況，父母還是可以做適度的引導，幫助孩子養成記憶習慣。

♥ 媽咪寶貝小劇場

★幫助孩子建立記憶的邏輯

一、背口訣，自我檢查

我為健忘的自己訂下「出門前一定要『唸口訣』」的規定：「錢包、手機、鑰匙」，出門前複誦一次自我檢查，這三樣東西帶了，就不至於流落街頭。對於孩子，則請她們背誦上學、放學前口訣：「書包、餐袋、水壺、作業、聯絡簿！」因為媽咪很迷糊，所以她們要靠自己自立自強呀！有背有保庇！

二、下指令，請訂順序，並掌握「簡潔、清楚」的原則，限時完成

媽咪：寶貝，游泳衣帶了嗎？

寶貝：啊，我忘了！

媽咪：趕快去拿，妳看妳都忘東忘西的，從昨天就一直提醒妳！那聯絡簿簽名了嗎？

（孩子正在要去拿泳衣的路上，又轉身回答）

寶貝：還沒⋯⋯

媽咪：妳看妳一直拖拖拉拉，跟妳講ㄌ少次了！從寫完功課就講到現在⋯⋯

（孩子折回來拿聯絡簿。）

媽咪：為什麼桌上剛剛喝完牛奶的杯子沒收？會長螞蟻耶！這件事每天說，為什麼就是記不住？

（孩子又急忙去收杯子。）

媽咪：泳衣呢？拿泳衣了沒？

（孩子又慌忙跑去拿泳衣⋯⋯最後什麼事都沒做好。）

　　有沒有發現，這種奇怪的循環常常出現在家中？大人的思考邏輯跳躍快，孩子的速度卻未必能跟上，像這樣紛雜的指令，到底要孩子先做哪一項？年幼的孩子較難一次記住多件事，隨著進入幼兒園、國小，每天在學校已經接觸好多新的資訊，回家還要準備作業，大腦統合無法一時間跟上，所以大人如果在要求上缺乏邏輯、順序，邊要求邊責罵，孩子也難以消化，漸漸會把大人的要求當作耳邊風，應付了事。

　　如上述狀況，比較好的「下指令」方式應該是⋯⋯

《方法一》一件事完成再要求下一件事：

媽咪：寶貝，游泳衣帶了嗎？
寶貝：啊我忘了！
媽咪：趕快去拿！兩分鐘內完成謝謝。

（等孩子拿回泳衣，再要求下一件事。）

《方法二》想好全部的指令，訂順序要求孩子執行：

媽咪：寶貝，游泳衣帶了嗎？
寶貝：啊我忘了！（準備轉身）

媽咪：等一下，聯絡簿簽名了嗎？

寶貝：還沒……（準備想找聯絡簿）

媽咪：再等一等，剛剛喝完牛奶的杯子收了嗎？

寶貝：也沒有……

媽咪：好！（請不要把時間花在囉唆與責難上，而是清楚給予指令）　請幫忙做三件事，一、帶泳衣，二、拿聯絡簿，三、收杯子。請告訴我要做哪三件事？

寶貝：一、帶泳衣，二、拿聯絡簿，三、收杯子。

媽咪：很棒，請在三分鐘內完成，開始！

三、寫便條，溫馨提醒！

如果孩子真的容易忘記，可以在某些地方貼上便條紙提醒，例如，洗手台前貼「多洗手才不會生病」，書桌前貼上「寫完作業記得整理書包」，桌燈貼上「使用完隨手關燈」……等等，孩子看到便條就會自我提醒，大人也不用常常把囉嗦的話掛在嘴上。還看不懂字的孩子，家長可以和孩子一起「畫」，把想提醒的事情「畫」在便條紙上，效果也很棒！

四、訂立適當獎勵與罰則，讓孩子學會負責任

「記住了，就誇獎；忘記了，要自己面對後果。」適當的獎勵與責罰，讓孩子學習面對問題，而不是永遠都有大人擋著，可以養成孩子負責任的人生態度。

舉例來說，孩子剛進國小時，忘記帶作業或聯絡簿的情況連續發生幾次，我立刻

訂下「罰則」，貼在她們的書桌前：

《忘記帶功課處理步驟如下》

1. 絕不回去拿！（忘記帶東西去學校也絕不幫忙送去）

2. 寫聯絡簿告知老師！（忘記帶聯絡簿就用寫便條的方式）

3. 每學期第一次初犯，原諒；第二次忘記帶，需默寫九九乘法（或ABC，

ㄅㄆㄇ、1─100……依年紀而定）三次，累犯則寫五次。

自從我定下「明確罰則」之後，女兒們幾乎不會忘記帶作業回家了，超神奇！孩子很怕罰寫，會因此深深記得回家前要檢查書包！就算真的沒帶功課，「罰寫」也是練習，能養成犯錯就要面對的擔當。

當然囉！每天有把該做的事情記住、完成，也請家長不要吝嗇妳的鼓勵！隨時正向肯定，加上適當的「獎勵制度」，如「集好寶寶章換禮物」、「完成多少任務後可以去逛超市或文具店」……等等小動作，都可以增加孩子的學習動力！

★跟老師溝通，理解孩子在外的學習狀況

若覺得孩子在家中的健忘程度很「超過」，不妨可以問問老師，孩子在學校的表現如何。有時候在家裡太過安全，便會隨興以對、忘東忘西。忘記帶東西回家，也可能是想到要回家太開心了，歸心似箭，一不小心就忘了！偶爾藉由老師的觀察，也許也可以更了解孩子的狀況！

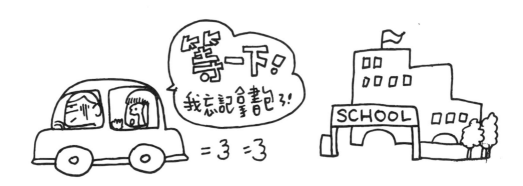

Q：我的孩子本來表現都很正常，可是最近忽然記憶力大幅減退，為什麼？

A：孩子的成長過程中，一段時間便會伴隨某些反抗或叛逆情緒，會連帶影響記憶與學習。也許只是忽然對某件事不感興趣？偶爾如此，並不需太在意。

但家長也可以檢查一下身邊是否有影響孩子心理的突發事件，如：爸媽吵架、家人不睦、朋友糾紛、老師過度責罰、做錯事被嚴懲而心情不佳……等等，導致孩子的小心靈受到影響。盡量排除這些外在因素，讓孩子可以在穩定的情緒中成長。

發現孩子的狀況明顯異於平常，反而別責罵！先用愛與關懷多陪伴孩子，讓孩子的心理穩定，也許就可以獲得改善。

異常狀況持續超過一個月，也請諮詢專業的醫師，適時給予孩子幫助，別讓孩子孤獨承受喔！

 聽聽專家怎麼說？　　　　　　　　　　吳怡賢臨床心理師

　　同樣迷迷糊糊的孩子，遇到不同個性的父母，命運就會大不同。迷糊的孩子遇到嚴謹的父母，通常的結果就是挫折的孩子、勞累的父母、緊張的親子關係、高壓的家庭氣氛；反之，迷糊父母通常可以笑看孩子的迷糊，較容易看見孩子迷糊以外的正向特質，和諧的親子關係及輕鬆的家庭氣氛，讓親子有動力一起成長。

嚴謹爸媽迷糊孩的雙人舞：

💜 第一步：深呼吸

當孩子出現迷糊行為時，腦中出現「又來了」、「找麻煩」等想法，建議可深吸一口氣，同時也想「他知道要細心，這次忘了」、「他知道我會生氣，也不想惹上麻煩」，有助於將焦點從挫折的情緒中轉移到如何幫助孩子成長。

💜 第二步：踏出第一步

依據孩子的能力，一起討論完成目標（例如，準備上課用品）、需要達成的步驟（例如，放學到家後→檢視聯絡簿／明天課程→準備所需物品）及技巧（例如，製作每日課程及用具對照表），帶著孩子「共舞」，初期可以帶著孩子做幾次，增加孩子的成功經驗，再漸漸減少協助和提醒，鼓勵孩子獨力完成。

💜 第三步：調整舞步

帶著孩子試行一段時間，看看會遇到什麼困難（例如，忘記帶聯絡簿回家），再一起討論解決的辦法（例如，製作「聯絡簿帶了嗎？」小飾品，掛在書包拉鍊上）。

忘東忘西，不是孩子的專利。

沒有人可以面面俱到的記住每件事，所以，不要給孩子太大的壓力，想想自己小時候是不是也常忘東忘西被責罰？自己是不是也不是故意的呢？將心比心，我們都是這樣長大的。

NOTE

明明只需要做一件事，為什麼第一件事沒做完，卻做了其他好多不相干、不重要的事？為什麼雞毛蒜皮的小事，都可以讓寶貝分心？
怎麼做才能提升專注力？

❤️ 小陸媽咪甘苦談

　　作業寫了一小時，靠近一看竟然只寫幾個字，作業旁還擺了好幾張剛畫好的圖畫，擺明了是邊寫邊畫圖！直到媽咪板起臉，孩子才趕緊快快寫完。寫完作業還沒收書包，藉口說「先刷完牙再收」，經過冰箱旁卻又說要喝牛奶，喝完牛奶，又看到小魚缸的水濁濁的說要幫忙換，然後開始「摸魚」，玩魚缸裡小石頭的排列組合，一小時後，牙也沒刷，魚缸水也沒換、桌上亂七八糟、書包還沒收，什麼正事都沒做！妳說，氣不氣人？

這就是我們家常上演的日常實況。整個晚上，都在各種分心的小狀況中拖拖拉拉虛耗度過，原本可以早早上床睡覺，卻因此多拖延好多時間！媽咪想要放手讓孩子自理，少當管家婆管東管西，但是好像事與願違，非得要氣呼呼的變身虎媽，孩子才能專心把該做的事完成，怎麼會這樣？

　　唉，不過，回頭想想自己的童年，媽咪我又覺得我沒有立場責備孩子了。說起分心，我可是專家！整個求學過程，我都以分心為樂！

　　咦，講得一副驕傲的樣子，這不值得驕傲好嗎？

　　好啦，我感覺到各方射來責備的眼光，但是童年的我真的覺得專心聽課、專心寫作業好難唷！我只想專心在我有興趣的事情上……

　　從國小以來，我就喜歡畫畫，課本畫滿大大小小的圖案之外，還隨身帶著塗鴉本，上課時，我都把塗鴉本壓在課本下，好像是認真抄筆記寫作業，其實都在畫圖，畫完後還會順便幫圖案配對白或順便寫篇短文，沉浸在自己的小世界裡。

　　對於我喜歡的事：畫畫，寫作，我可以投入幾小時都不累，但是對於課業，怎麼覺得才專心幾分鐘就好累了呢？

　　好在我的父母對於我疲弱的成績其實抱著睜一隻眼閉一隻眼、以鼓勵代替責罰的態度，對於我的分心不會太過責怪，反正考差了、失敗了，我要自己面對後果，而做得好就多加鼓勵。

　　正因如此，慢慢的形成我獨特的人格：在面對重要時刻如大考試、比賽、上台報告時火力全開、專心認真，但平時保留一點空間讓自己「分心」，兼顧興趣發展。一路走來，雖然功課差強人意，但至少維持中級水準，還培養了不少第二專長呢！

　　這樣的教育態度，確實不是「菁英教育法」，很難讓孩子在課業上成為頂尖優秀的那群，但是，卻能給孩子更多的自我空間、養成更多自主判斷的能力，靠自發的意志去約束自我，而非由父母緊盯。

　　孩子的教育方式百百種，哪種好？哪種壞？沒有絕對的答案。面對孩子分

心，究竟該嚴肅處理、嚴格以對，或者任其恣意而為、自己承擔後果？還是要靠父母本身的耐心與智慧，陪孩子一起找到最適合的方法！

媽咪寶貝小劇場

★我們可以怎麼幫助孩子？

一、營造一個適合專心的環境

分心，不只因為注意力不集中，另一方面實在因為身邊有太多吸引孩子注意力的事物，所以，家長如果能幫忙把關，觀察各種對感官的影響，如眼睛看得到、手摸得到的小物，或耳朵聽見的聲音、鼻子聞到的氣味……減少會害孩子分心的感官刺激，孩子的專注力也可提升。

二、和孩子溝通討論，讓孩子想一想，什麼是讓他分心的原因？

（當寶貝無法專心時……）

媽咪： 寶貝，我發現妳一直沒辦法把現在在做的事情完成……讓我們一起來想一想，妳分心的原因是什麼？

寶貝： 不知道。

媽咪： （耐心引導）妳覺得桌上有沒有什麼東西事會讓妳一直看它、一直害妳分心的呢？

寶貝： 我覺得我的鉛筆盒很好玩，我會一直想打開它的開關……

媽咪： 我知道妳很喜歡妳的鉛筆盒，但是為了讓我們可以快點專心完成現階段的事情，進入到下階段，我們是不是可以先把鉛筆盒放到媽咪身邊，讓我保管，等妳專心把事情完成之後，再還給妳？

寶貝： 好吧。可是我看到媽咪在看電視會分心。還有我也想像爸爸一樣玩手機。

媽咪： 抱歉，那媽咪會關起電視去做家事，不影響妳，也請爸比改成安靜閱讀，希望妳能把握時間，等事情完成，我們再各自做想做的事，好嗎？

（檢查家長本身的行為是不是讓孩子分心的元凶之一？排除了分心的障礙物，再設定「專心時間」。）

寶貝：好！

媽咪：妳看桌上的時鐘（或計時器），我們約定十分鐘後，來看看能完成妳多少，好嗎？

（不慍不火地找出分心的導火線，約定專心的時間，讓孩子有靜下心來的動力與理由。）

寶貝：我忽然想到我的麵包沒吃完放在書包裡，還有雨傘放在門外沒有拿進來……

媽咪：沒關係，我們先專心完成妳現在在做的事好嗎？

寶貝：可是我怕我等一下忘記！

媽咪：那我們把現在讓妳分心的事，先寫在筆記本上記錄下來，等妳完成現在的事情，我們再把其他事情完成，一樣一樣輪流來，好嗎？

（找出讓孩子安心的方法，幫助孩子不因為想到其他事還沒做而分心。）

寶貝：好。

媽咪：那我們約定，先專心十分鐘，如果沒有專心十分鐘就分心了，要重新計算，有完成專心任務，把事情做完，就可以得到一個乖寶寶章！計時，開始！

（用適當獎勵，鼓勵孩子。）

三、陪孩子一起訂下每日行事曆（時刻表），讓孩子自行規畫時間的運用

想要真正專心，讓孩子由內「自發性」去完成事情，當然好過家長、老師緊迫盯人。鍛鍊孩子由內在自願專心，也許需要一些誘因，例如，幾點完成什麼事之後，就可以做自己喜歡的事……此時，「每日行事曆」就會是很棒的小工具！

每天孩子回到身邊，第一件事就讓他排定自己的行事曆，幾點要完成什麼事？完成之後今天想要什麼獎勵？可以有多少自由時間？可以用筆記本、白

紙，或現在很流行的塗鴉板，列出一張表，擺放在孩子的書桌前，讓孩子有計畫的完成今日待辦事項。內容可以和孩子一起設計……

例如：

16:00~17:00	寫作業，寫完一樣就吃點心、自由時間
17:00~18:00	寫第二樣作業，提前寫完可以看電視
18:00~19:00	吃晚餐
19:00~20:00	閱讀兩本書、做一樣家事，完成後是自由時間 （若作業沒寫完則補寫作業）
20:00~20:30	洗澡
20:30~21:00	練習才藝
21:00~21:30	刷牙，完成後是自由時間
21:30	上床睡覺

和孩子一起訂下規範，有助於孩子對事物優先順序的掌握，建立統整的能力、提高自我約束力。

舉手發問Q&A：

Q：我的孩子比起別的小孩，就是不如人！分心到很誇張！會不會是「注意力不足過動症」？

A：有的孩子學得快但忘得也快；有的孩子動作慢、學習慢、難以專注，但學會就可以記很久不易忘。看起來分心，也許是因為他需要時間慢慢理解新事物，因材施教對孩子來說是很重要的，盡量別拿孩子跟別人比較，每個小孩都是父母獨一無二的寶貝喔！

孩子分心很正常，家長不用過度擔心，但是如果孩子的分心程度已經達到幾乎無法專心做完任何一件事，無法完成功課、認真聽講，嚴重影響生活，那還是趕快找專業醫師諮詢，別讓孩子孤軍奮戰哦！

 聽聽專家怎麼說？　　　　　　　　　　　　　　吳怡賢臨床心理師

　　孩子分心百百種，不僅活潑好動的孩子會分心，安靜乖巧的孩子也會分心。當我們需要專心從事興致不高的事時，短暫的「小分心」（例如，放空、冥想、做雜事），就像進入一個自己的「小宇宙」，除了可以暫時逃開「無聊」，也可以幫助我們儲存重新面對挑戰的能量。當孩子經常在自己的小宇宙漫遊到無法離開時，父母就可適時伸出援手了。

漫遊兒拯救行動：

　　❤ 艙門警示鈴（專注訓練）

　　要讓孩子持續專注在不感興趣的活動中，就像要求孩子待在無聊的太空艙裡看著枯燥的數據，孩子可能會在太空艙裡遊走，「不知不覺的」打開艙門，

然後就漂浮在宇宙中了。因此好辦法就是，設置「艙門開啟警示鈴」，可先觀察孩子注意力持續度的時間（例如，10分鐘），在孩子即將分心時，給予口語提醒，若父母無法陪伴在旁，也可設定提醒鈴（叮一聲即可），有助於提醒孩子重新專注。

💜 避開宇宙黑洞（簡單環境）

當孩子在進行無趣的作業時，環境中有趣的事物（例如，窗邊風景、電視聲、玩具、小擺飾）就像是宇宙黑洞，擁有強大的吸引力，難以逃開。因此盡量降低環境中有趣的事物，有助於營造專注的環境。

💜 艙外活動時光（分段學習）

短暫的艙外活動時光，有助於孩子重新投入艙內活動。依據作業／活動的困難度，將內容分段進行，例如，專注15分鐘作業後，起來活動5分鐘，再漸漸拉長專注持續的時間。

很多時候，孩子的分心其實是一種警訊！睡眠不足、學習時間太長，都可能是造成孩子注意力不集中的原因。所以家長要將心比心，多鼓勵、誇獎孩子認真的態度，當寶貝累到無法專注時，給個大大的擁抱，會比給責罵或壓力來得更好喔！

四、什麼都不想，只要3C

現代家庭最大的危機，就是無所不在的3C！
被智慧型手機、平板電腦制約的生活，是否已經讓自己與孩子忘記如何用眼睛觀察世界的美好？
快放下手機，找回真實的人生吧！

小陸媽咪甘苦談

　　孩子剛出生後一兩年，遇上發明平板電腦與智慧手機的時代。那時候，還不清楚藍光對視力的危害，所以我們一度還下載了不少益智遊戲像是「寶寶巴士」或者是畫畫、算術等App，來讓孩子們玩。當然，YouTube的幼教影片也成為爸媽的好幫手！

　　但，很快就發現「iPad教養法」對孩子的傷害太大，趕緊戒除。

還記得戒除的時間大約落在大女兒三歲初，小女兒近兩歲的年紀；大女兒一向配合，只需要提供實體玩具就能轉移注意力，但是小女兒則完全進入3C成癮強制勒戒的「戒斷症候群」！年僅兩歲的小娃娃成天在家哭喊「我要玩iPad」，配上拉扯自己的頭髮、撞牆壁之類的瘋狂狀態，實在令我們好氣又好笑。

　　經過一段過渡期，花了很多力氣重新陪伴、和孩子相處，總算孩子徹底斷絕對平板的依賴，連帶的我們家也停掉了一般電視，沒讓孩子接觸電腦，希望減少家人的「3C中毒」。

　　但是，沒有了3C，孩子當然會覺得無聊，也因此，我會幫孩子準備很多的手工藝書籍，像是摺紙書、色鉛筆教學、簡單的手作縫紉，讓孩子照著製作，當然，要慶幸一下自己的兩個女兒還蠻能靜心做手作，如果孩子的性格比較活潑外向，家長可能就要開發許多戶外活動來消磨孩子的精力了。

　　不可諱言，「iPad教養法」真的很輕鬆！

　　還記得那段孩子依賴iPad的日子，幾乎是開關一打開，兩個小傢伙就乖乖坐下盯著螢幕看，媽咪好像賺到很多自己的時間，但後來想想，其實失去的遠比得到的多。

　　孩子的成長只有一次，怎麼能用「機器」取代父母的關心？而且，很多專家指出，如果孩子習慣快速變換的聲光環境，大腦就只想接受強度高的外界刺激，像閱讀、上課等平靜的動作，已無法引起孩子的興趣，久而久之孩子會覺得靜態事物「很無聊」，對於未來人生的學習態度與專注力都會造成極大的負面影響。

　　所幸我們家裡的這對小姊妹，在媽咪採用了好方法之後，現在已經完全不需要3C囉！

♥ 媽咪寶貝小劇場

★以陪伴取代3C，讓孩子清楚理解藍光對眼睛不可逆的傷害

寶貝：媽咪，我想玩平板。

媽咪：寶貝，平板對妳的眼睛傷害非常大！我們只有一雙眼睛，要好好保護！

寶貝：為什麼會傷害眼睛？

媽咪：手機或者平板的螢幕，為了變出鮮艷的顏色，要射出很亮很刺眼的光芒，這種光芒很危險，是「恐怖藍光」！恐怖藍光會直接射到眼球深處的「視網膜中心」，在妳不知不覺的時候，慢慢的把眼睛底下的黃斑部燒焦、燒壞，容易引發白內障或失明，眼睛會再也看不見！

（可以進一步解釋白內障是什麼、藍光造成失明的方式，讓孩子真正感到危機。）

寶貝：真的嗎？

媽咪：當然是真的！新聞都有說唷！更恐怖的是，現在還沒有任何醫生可以治好「黃斑部」被「恐怖藍光」燒壞造成的失明！也就是說，如果因為看手機或平板電腦太久而眼睛瞎掉，就再也看不見了！尤其是妳的眼睛還沒完全長大，比大人的眼睛更容易受傷！

（用戲劇性的語調與表演、真實的知識，認真解釋3C用品對眼睛的傷害，讓孩子知道被禁止的理由，而非只是「不准玩」。雖然這像在恐嚇孩子，但卻百分之百真實，黃斑部病變是不可被忽視的現代文明病！）

寶貝：可是不能玩遊戲好無聊。

媽咪：不會啊，我們可以堆積木、拼拼圖、去公園玩、去打球，然後陪媽咪去逛超市，妳可以幫我挑選晚餐的食材，也可以幫忙煎蛋、炒菜、擺碗筷，等妳吃飽飯、洗完澡後如果有時間，還能用大電視看半小時卡通，妳說好不好？

寶貝：好！那我可以挑我喜歡看的卡通嗎？

媽咪：可以！妳看，我們有好多事情可以做，趕快開始吧！

（用真實的互動，取代3C教養法。如果無法一下戒除聲光的刺激，看電視也比看手機、平板螢幕好很多！）

讓孩子知道3C產品對眼睛的傷害，比單純只是說「不行」有用得多。可以隨著孩子不同的年紀，以其聽得懂的方式認真對他解釋。最怕的是父母不願意花時間和孩子互動，否則比起3C，親情當然更溫暖！

★面對大一點的孩子，「有規範」的玩，比「不准玩」更好！

幼兒的服從性較高，比起3C，幼兒更喜歡父母，較容易被轉移注意力。

但是，面對大一點的國小甚至國中以上年紀的孩子，就沒有這麼好打發了！若父母只是一味的禁止，孩子會覺得不服氣，甚至想與父母對抗，反而可能引起親子的衝突！

我曾聽過別人的親身經歷，家中強烈禁止國中年紀的孩子玩電腦遊戲，於是孩子趁補習時間翹課流連網咖，最後甚至翹家不歸。所以，「禁止」不一定是最好的方法，有條件的「規範」使用，也許能讓孩子更努力完成課業、積極爭取遊戲時間喔！

也許是約定可使用3C的時間（如週末）？規定哪些事做完可以換取使用3C產品的時數？提早完成功課，多出來的時間可以玩遊戲？讓孩子不被3C牽絆，也讓3C產品成為孩子的獎勵與動力。

★說再多都沒用！以身作則最重要！

一邊要孩子不准用3C，一邊滑手機的家長，妳一定見過！（噓，我不會說出我們大部分人都是這樣。）

在這個極度倚賴手機與通訊軟體的時代，3C與工作幾乎密不可分，要大人戒除3C是不可能任務，每次孩子責備我：「為什麼又在滑手機！」我只好囁嚅的回：「是工作訊息……」，孩子問：「為什麼整天對著電腦？」我當然也要回：「我在工作啊！」（其實也有很多時候是在混……）但是，至少在親子共處的時間，我絕對會放下手機！

在餐廳的座位上，一家四口圍坐，爸媽在滑手機，孩子在看iPad，全家完全沒有互動，也沒有關心彼此……這樣的情景，相信大家一定看過。

　　不過，小陸媽咪要說，這在我們家是絕對不允許發生的喔！吃飯時間是全家難得相處的時光，絕對不該讓3C占據。每晚睡前，也是聊天談心的好時光，當然也要把手機丟一邊去。

　　除此之外，回到家盡量少用手機，多陪孩子聊聊，一起閱讀、吃點心、做家事……只要不是對著3C都好。假日多帶孩子出外走走，就算無法出遠門，只是騎腳踏車、去公園玩、去附近散步……都好，養成孩子「用眼睛看世界」的習慣，避免成為透過螢幕認識外界的「宅童」。

Q： 如果身邊親友喜歡用3C用品來陪伴自己的孩子，該怎麼勸阻呢？

A：現代人大多知道3C過度使用的問題，如果能理解彼此的教育理念，大多會盡量減少兒童使用3C的時間。但如果好說歹說，就是說不聽，還有一個絕招喔！

知道嗎？讓孩子一直上網，是「違法」的！

「兒童及少年福利與權益保障法」明文規定：「父母、監護人或其他實際照顧兒童及少年者，應禁止兒童及少年超過合理時間持續使用電子類產品，違反者依法開罰，情節嚴重者，處新台幣一萬元以上、五萬元以下罰鍰！」。

講法律好像有些嚴肅，而且據悉，到目前為止還沒有針對此項行為對家長開罰的例子啦！但是，這是個可以用來說服人的法規依據，只要有明確的檢舉與舉證，罰則是可以成立的。

此規定是希望家長能更有規範的留心孩子使用3C產品的時間，大家一起用愛陪伴孩子成長，別把責任丟給3C喔！

💗 聽聽專家怎麼說？　　　　　　　　吳怡賢臨床心理師

　　要拿走小孩的3C產品，父母的焦慮度可能還高過孩子，一方面會擔憂孩子的情緒反應，另一方面也意味著更少的個人時光及更多的教養難題。要讓孩子與鍾愛的3C產品「和平分手」，循序漸進是不二法門。

幫助孩子與3C產品分手快樂：

❤ 階段一　尋找新歡

觀察自己與孩子在哪些時光，特別需要3C產品的陪伴，例如，在家無聊、外出吃飯、假日外出，評估可取代3C產品的活動，像是培養家庭共同興趣（例如，看書、畫畫、運動），或是孩子的興趣（例如，拼圖、積木）。

❤ 階段二　習慣它不在

安排固定時間從事家庭興趣，鼓勵孩子從事感興趣的活動，當孩子花較多時間從事興趣活動，就表示花較少的時間使用3C產品。若孩子幾乎每天都要使用3C產品，建議不要斷然禁止使用3C產品，可先從減少使用時間，再循序漸進減少使用天數，用適當的活動取代原本的使用時光（例如，帶出門玩、一起動手做菜），讓孩子體驗除了3C產品，其他活動也充滿樂趣。

❤ 階段三　笑著再見

再大一點的孩子，3C產品的使用與孩子們的次文化有關（例如，遊戲話題、社交行為），當孩子有信心控制及遵守使用3C產品的時間與內容時，不排斥讓孩子與3C產品有定期的相聚時光，有助於幫助孩子養成正向的使用習慣。

放下手機，才能真的看見世界！

3C時代，眼睛受藍光過度刺激導致病變的案例正不停激增，減少使用3C，不但能保護孩子，也能幫助家長本身眼睛與大腦的放鬆！

Part 2

《暖心篇》

暖心篇

辛苦工作的時候......

媽咪辛苦了!

想到孩子可愛的模樣,
又有繼續下去的力量!

♡ ♡ ♡

忙於家務的時候……

孩子給予自己願意**付出**的動力!

我幫媽咪沖水

我幫媽咪收碗

小陸媽咪暖心話

什麼？孩子的調皮花招這麼多？！

前面篇章提到的這些失控行為，有小孩的家長們一定能感同身受，還沒有小孩的人可能會捏一把冷汗，開始遲疑自己是不是該跳進這個「陷阱」裡……

到底陪伴孩子成長的過程，是不是真的很辛苦？

值得嗎？

小陸媽咪現在可以很認真、很誠懇、很大聲地說：超級值得！

孩子，是我這輩子最棒的禮物！

養育孩子的道路上，確實很辛苦，但是……孩子給予家長的快樂，絕對遠遠超過辛苦。

孩子的笑臉，有神奇的魔力，能夠為忙碌的生活增加滿滿的動力，無論再累再不開心，只要孩子一聲軟軟暖暖的呼喚，就足以撫平所有的疲憊。

有了孩子，生命像是找到一條穩定而清楚的道路，讓原本跌跌撞撞的身心有了更踏實向前走的目標，也有更多勇氣、毅力去面對生活的挑戰與不完美。

孩子，是世界上最無條件愛著父母的生命。

而孩子，也是上天賜予、獨一無二、無法複製的珍貴贈禮。

雖然在陪伴成長的過程難免讓人皺眉搖頭，甚至落下辛酸的淚水，但當孩子做出窩心行為，讓家長露出歡喜微笑的時刻，那陣心頭的甜，足以讓人回味無窮、咀嚼再三。

這就是人生的「醍醐味」，不是嗎？

・暖心寶貝養成計畫

偶爾出現的小貼心，是生活中最美的調味品～♫

我把家裡打掃乾淨了♥

我把書桌都收整齊了♥

雖然偶爾回退步

會幫倒忙……

只有書桌乾淨…

是打掃了但…沒有收尾…

當媽咪火大的時候⋯⋯

解鈴還需繫鈴人♥
孩子的一句對不起♥一句我愛你♥甚至只是叫一聲媽咪!
就能澆熄內心熊熊燒燃的火焰。

我們家的調皮小姊妹，雖然常常惹得我火山爆發，但是也常常做出暖心的小舉動，讓我瞬間感動融化。

有時候會聽到朋友羨慕地說——「真好，妳家的寶貝好貼心喔！」

其實，孩子的浪漫貼心，是可以「後天養成」的喔！

我自己本身雖不算一個頂浪漫的人，但為了討孩子的歡心，得到她們毫無保留的快樂笑容，我總是會花一點點心思，在適當的時機給予孩子一些小小的驚喜。也許是一顆巧克力，一個迷你小蛋糕，一份小小的實用禮物，或只是一張手繪的卡片……卻足夠換取孩子開心的笑。這些禮物不名貴，甚至不需花錢，但卻能讓孩子感受到被重視的幸福，從而慢慢培養自己願意給予、願意為生活創造小甜蜜的心意！

現代人孩子生得少，每個孩子都是寶，所以太習慣用物質填滿孩子的需求，比起物質，我反而重視精神陪伴。

我們家的寶貝，從不用名牌商品、少買玩具，穿二手衣、看二手書，買東西前一定會精打細算比價一番。看似節約的日常，遇到特殊的節日，卻會有所期待，我們也不會敷衍以對，舉凡生日、重要節日、耶誕節甚至情人節……我們會盡可能讓孩子感受到我們對她的重視、與孩子共渡。

共渡，不代表要吃大餐、送大禮，而是一份緊密相依的溫暖——

「我們是一家人，要一起分享過節的喜悅喔！」

不用訂名貴的餐廳，只要在家一起動手做料理、點起一支蠟燭享受燭光晚餐就很幸福；或許可以約上三五好友或親人一人準備一道菜，聊聊開心的事，讓孩子從生活中感受到人與人間愉悅的連結，了解適當的用心可以增添生活的趣味，他們也會願意花心思加強人際關係的互動，累積美好的正能量。

我喜歡用樸實的態度體會這個世界平凡卻值得珍惜的時刻……

親子間的互動，不該用錢堆積，重要的是用心對待。只要有心，生活就會很有質感，家庭的感情也會在彼此共同經營努力下，愈來愈有溫度。

如何養成一個暖心的天使寶貝？

★以身作則，留意孩子的感受，不要吝嗇說愛。

常常關心孩子，不要吝嗇對孩子說「我愛你」、「看到你好開心」、「有你真好」……這類充滿正能量的話語，多讓孩子感受到家長的愛，多以實際言語、行動說愛，孩子自然願意釋出自己的情感，表達對家長的愛與關懷。

★適當提醒，喜歡別人怎麼對你，也別忘了多給別人一些！

當孩子感受到來自親人或外人的關懷會讓人覺得開心時，也提醒孩子可以這樣對待別人讓別人開心。建立關懷同理心，讓人與人之間的相處更融洽。

★對話的藝術──切忌「批評式語法」

常有人說：「我很關心家人啊，但他們不領情。」

請檢查自我：是不是不當的關心，反而變成囉嗦或批評？

同一件事，說法不同，感覺大不同：

○關心說法 →

「你的東西帶了沒？沒有嗎？趕快去拿吧！」

×囉嗦說法 →

「你的東西帶了沒？沒有嗎？你看你就是這麼健忘，忘東忘西，如果我沒有提醒你，你什麼都會忘光光，這樣下去怎麼辦？趕快去拿！」

妳喜歡哪種說法呢？

同一件事，不同說法卻會傳遞「正」「負」兩種不同的能量。

傳統的台灣教育法常常會在說話的口氣中帶著負能量，舉例來說：

○關心的問候 →

「會冷嗎？要加件外套嗎？」

✕批評式語法 →

「穿這麼少你是要感冒喔？不會看天氣穿衣服？當作自己抵抗力很好是不是？到時候生病你就知道！」

○肯定的誇獎 →

「哇！這件事你做得真好！」

✕批評式語法 →

「看不出來還蠻厲害的嘛。專心讀書不會，弄這些有的沒的倒是很會！如果讀書有這麼認真就好了。我看你都三分鐘熱度，今天做得好，會不會明天又不做了？」

○表達感謝的方法 →

「真的很謝謝你！」

✕批評式語法 →

「唉唷幹嘛幫我做這些，不用啦我不需要，別這麼麻煩，顧好你自己就好了……」

這類帶著批評、否定意味的對話，常常從長輩的口中聽到，偶爾也會從觀念比較傳統的一般人口中脫口而出，我總會覺得：「奇怪，不能直接講事情的重點就好嗎？為何要將短短一句關心延續成一長串囉嗦？」「好好的說，不要語帶諷刺，有這麼難嗎？」

會使用批評式語法的人，大多是長久的積習，因為自己一路都是被「批評式語法」養大，也習慣如此對人。所以身為家長的我們，一定要檢視自己，養成說話的藝術，多從言語中傳遞「正能量」！

★多鼓勵，多陪伴，少責罵、少無理的袒護

要養成暖心的孩子，當然要給予溫暖的教養方式。多鼓勵、多陪伴，但，「鼓勵」可不等於「盲目的讚美」或「無理的袒護」喔！

什麼是盲目的讚美？

當孩子做了值得誇獎的事，盲目的讚美就是只用：「你好棒！」「你超強！」「太厲害了！」這類「沒有原因」的誇獎，來讓孩子滿足。

如果能改口說：「你靠自己的力量完成了這件事，你好棒！」「你跌倒時沒有哭，很勇敢的站起來，你超棒！」「你的作業在半小時內就寫完，而且寫的很漂亮，實在太厲害了！」讓孩子知道他為什麼被讚美，這才能成為「鼓勵他進步」的動力。

把盲目的讚美，改為「有原因的鼓勵」。

你哪些地方做得好？我為什麼要誇獎你？

誇獎前先說出原因，會讓孩子更清楚知道自己做了什麼事讓人開心，可以建立目標、設定行為方向，培養待人處事更完善的邏輯。

什麼是無理的袒護？

孩子會犯錯，犯錯很正常，但是很多家長為了取悅孩子，常常以「他還小、他不懂」，來袒護孩子的過錯。久而久之孩子會開始覺得一切都理所當然，犯錯不是自己的問題，因而不能接受錯誤被指責，長期下來就會養成「玻璃心」—— 被罵就哭、無法堅強承認，以及「自我中心」——我永遠是對的，不是我的錯、不關我的事，都是○○○害的。

用正確的方式陪伴孩子成長！

我想，父母一定知道習慣養成就很難改的道理，一味寵溺對孩子的未來會造成不良影響，所以，就從自身的教養方式，帶給孩子正確的觀念吧！

★想到孩子「做到的」，而不是「沒做的」。

如果孩子疏忽了什麼，在批評、責備之前，多給孩子一句提醒或引導，讓孩子靠自己的力量改變。多看見孩子的優點，多發現孩子在生活中貼心的小舉動並給予正向鼓勵，用父母不著痕跡的體貼、提示，提升孩子的判斷力，讓孩子愈來愈有自信。

總之，要讓孩子成為一個溫暖的人，一定要耐心引導孩子思考、明辨是非。

孩子愈能體會什麼行為「對」？什麼行為「錯」？什麼行為讓人不舒服？愈能幫自己找到待人處事圓融且正確的路徑。

父母從最前線的親子教育開始，以耐心愛心養成一個暖心的寶貝，當我們年華老去，孩子也會用我們給予的方式，帶給父母生命中難以數計的溫暖喜樂。

·寫在最後，給辛苦的爸媽

生兒育女，成家立業，養家餬口……

為人父母真的很辛苦。

如何在柴米油鹽的家庭壓力中找到快樂的方法？

★對自己寬容！最需要感謝的是自己

孩子犯錯不是家長的錯！生活中不小心出槌請別苛責自己！

父母雖然萬能，卻萬萬不能把自己逼得太緊，愈緊繃的關係就愈容易斷裂，遇到不如意不順心的事，別一味自責、把責任往身上攬，我們都已經夠努力了！

如果沒有我們，怎麼會有這個家？

多給自己寬容與肯定！

★善待自己，建立興趣，不要讓家庭成為自己的唯一，身心平衡發展

如果整天面對著家中瑣事，心情怎麼可能美麗？

視野再大，只對著家裡看，都會愈來愈狹窄！

整天悶在家裡和孩子大眼瞪小眼，對家長與孩子都不是好現象，孩子剛出生的前幾年，主要照顧者（尤其是媽咪）很難有自己的時間，但隨著孩子漸漸長大，家長可以重新思考自己真正的需求，想回到職場？想每週利用某些時段走出家庭充電一下再回來？

好好跟孩子與另一半討論，然後幫自己選擇。畢竟，每個人都是獨立的個體，找到生活的趣味，身心才能有長久的健康與快樂！

★不要把理想訂的太高，少說、少管一些，多給自己與家人空間

母性使然，母親很容易「搞操煩」，可是，愈多的看不慣，就會造成家人間愈多的摩擦，例如，做什麼都錯、做什麼都要被唸……；愈多的提醒，就會養成愈被動的小孩，例如，反正媽媽都會說，我不須動腦，聽媽媽說就好……而且，媽咪本身也會因此既煩惱又生氣。

有個理論說：「懶媽媽養出勤勞小孩」。有時候，乾脆睜一隻眼閉一隻眼，眼不見為淨，不只自己可以輕鬆點，家人也會更自動自發喔！

★我不是XX的媽咪（爸比），我是我自己！

記得有一次，我自我介紹「我是小陸媽咪」，一個新朋友問：「妳的孩子名叫小陸？」我說：「不，是我叫小陸。」那個朋友回以驚訝的眼神，語帶羨慕地說，現在人家都叫她「誰誰誰的媽咪」，都沒有人記得她叫什麼名字了。

這句話讓我開始思考，真的耶！自從生了小孩後，學校、同學家長間都是以「孩子的名字後面加個媽」來稱呼家長，久而久之，媽咪好像就附屬在孩子之後，必須跟孩子連在一起。

生活上也許是如此，但是心靈上……

親愛的，請不要忘記自己。

還記得單身時代的自己嗎？

那個快樂、有自信的自己，還在嗎？

當時的自己，喜歡聽音樂？逛街？看電影？唱歌跳舞還是旅行嚐美食？

為了孩子，家長常常需要忽略自己的喜好，久而久之，甚至放棄原本的自己。但是，孩子會長大，總有一天會獨立高飛，我們終究還是要回到自己的生活之中。

很多父母，等到孩子獨立時，反而捨不得放手，不是不願意，而是……已忘記如何為自己而活！

「我是我自己」，幫自己找回自己的名字、自己的生活態度吧！妳會發現，心中最美的那個自己，一直還在。

我是我自己。

尾聲

養育孩子的過程，像一場未知的闖關冒險。

任誰都無法預料孩子會用什麼新招術對妳？該如何接招？會不會被擊倒？

也無法預料，什麼時候孩子會開口叫爸比媽咪？什麼時候孩子會對妳露出甜笑、給妳一個大大擁抱……

這是生命中最美的時光，疲憊卻快樂，紛擾卻甜蜜。

讓我們與孩子攜手優雅共舞吧！旋轉、跳躍、用愛陪伴，舞出人生最美的樂章。

幸福，就是一家人牽著手，在一起。

好學習 *063*

優雅媽媽不抓狂：
小陸媽咪與兒童臨床心理師聯手終結孩子21個失控行為

3個階段X6大面向X30則實例，帶你走出育兒挫敗、終結教養惡夢。

作　　　者	陸昕慈（小陸媽咪）
編　　　審	吳怡賢
顧　　　問	曾文旭
統　　　籌	陳逸祺
編輯總監	耿文國
主　　　編	陳蕙芳
執行編輯	翁芯俐
封面設計	李依靜
內文排版	海大獅
插圖繪製	陸昕慈（小陸媽咪）
法律顧問	北辰著作權事務所

印　　　製	世和印製企業有限公司
初　　　版	2020年11月
	本書為《優雅媽媽不抓狂：教養實戰Ｘ專家解析，輕鬆化解21個孩子讓家長崩潰的戲碼》之修訂版
出　　　版	凱信企業集團─凱信企業管理顧問有限公司
電　　　話	（02）2773-6566
傳　　　真	（02）2778-1033
地　　　址	106 台北市大安區忠孝東路四段218之4號12樓
信　　　箱	kaihsinbooks@gmail.com

定　　　價	新台幣349元 / 港幣116元
產品內容	1書

總 經 銷	采舍國際有限公司
地　　　址	235 新北市中和區中山路二段366巷10號3樓
電　　　話	（02）8245-8786
傳　　　真	（02）8245-8718

本書如有缺頁、破損或倒裝，
請寄回凱信企管更換。
106 台北市大安區忠孝東路四段218之4號12樓
編輯部收

【版權所有　翻印必究】

國家圖書館出版品預行編目資料

優雅媽媽不抓狂：小陸媽咪與兒童臨床心理師聯手
終結孩子21個失控行為. -- 初版. -- 臺北市：凱信企
管顧問, 2020.11
　面；　公分
ISBN 978-986-99393-7-9(平裝)

1.家庭教育 2.親職教育

528.2　　　　　　　　　　109015369

凱信集團

用對的方法充實自己，
讓人生變得更美好！

凱信集團

用對的方法充實自己，
讓人生變得更美好！